本书系对外经济贸易大学第十批"惠园优秀青年学者"项目（21YQ06）阶段性成果

数字新闻学

知识生产、核心议题与研究进路

张淑玲 ◎ 著

中国财富出版社有限公司

图书在版编目（CIP）数据

数字新闻学：知识生产、核心议题与研究进路 / 张淑玲著. —北京：中国财富出版社有限公司，2023.11

ISBN 978-7-5047-8012-6

Ⅰ.①数… Ⅱ.①张… Ⅲ.①数字技术—应用—新闻工作—研究—中国 Ⅳ.①G219.2-39

中国国家版本馆CIP数据核字（2023）第218648号

策划编辑	朱亚宁	**责任编辑**	张红燕 蔡 莹	**版权编辑**	李 洋
责任印制	梁 凡	**责任校对**	张营营	**责任发行**	杨思磊

出版发行 中国财富出版社有限公司

社　　址 北京市丰台区南四环西路188号5区20楼　　**邮政编码** 100070

电　　话 010-52227588 转 2098（发行部）　　　010-52227588 转 321（总编室）

　　　　　　010-52227566（24小时读者服务）　　010-52227588 转 305（质检部）

网　　址 http：//www.cfpress.com.cn　　**排　　版** 宝蕾元

经　　销 新华书店　　　　　　　　　　　　**印　　刷** 北京九州迅驰传媒文化有限公司

书　　号 ISBN 978-7-5047-8012-6/G·0802

开　　本 710mm×1000mm 1/16　　　　　**版　　次** 2023 年12月第1版

印　　张 8　　　　　　　　　　　　　　　**印　　次** 2023 年12月第1次印刷

字　　数 104千字　　　　　　　　　　　　**定　　价** 42.00 元

目　录

—— 第一章 ——

全球数字新闻学的知识生产*

　　无论是16世纪威尼斯的手抄小报，还是出现于中国汉代的邸报，新闻业与人类现代史同步发展。随着新技术的涌现，新闻业的生产实践和行业结构正经历着深刻演变[①]。20世纪90年代末互联网普及后，新闻业和其他行业一同被纳入这种新的世界性连接[②]。伴随社交媒体和网络平台的日益渗透，数字技术不仅重塑了新闻和新闻业的外部形态，也对其内在的运转逻辑和机理产生了颠覆性影响。面对行业生态的巨变，传统新闻职业社群中的记者和编辑开始转向社交媒体和网络平台[③]，并由此催生出一种新的新闻业态——数字新闻。

---

　　* 原载《新闻知识》2023年第9期，原题为《交叉、分野与合流：全球数字新闻学的知识生产与研究图谱——基于SSCI期刊（1999—2023）的文献计量分析》，作者为张淑玲。

　　① PAVLIK J.The impact of technology on journalism [J]. Journalism Studies, 2000, 1（2）: 229-237.

　　② DEUZE M.Online journalism: modelling the first generation of news media on the world wide web [J/OL]. First Monday, 2001, 6（10）. http: //firstmonday.org/issues/issue6_10/deuze/ index.html.

　　③ HEDMAN U, DJERF-PIERRE M. The social journalist: embracing the social media life or creating a new digital divide? [J]. Digital Journalism, 2013, 1（3）: 368-385.

简言之，数字新闻被定义为在数字环境中制作和消费的新闻[①]。换句话说，数字新闻涉及使用数字技术来研究、生产并向数字时代的受众提供新闻的活动或过程。以是否采纳数字技术为特征，记者群体进一步分化为数字记者和传统记者[②]。有别于传统记者的是，数字记者在新闻采集或沟通的常规过程中广泛采用数字工具，如智能手机、平板电脑、笔记本电脑、录音机、数字录像机、博客、电子邮件等。

关于数字新闻的起源，国内外学界存在相当大的争论。有学者认为，数字新闻早在互联网出现之前就已经存在。20世纪80年代中期，美国国家科学基金会创建了一个名为NSFNET的全国性数字网络，其为今天互联网的前身。在这一时期，针对新闻业是否以及如何采纳计算机等数字设备的研究便有迹可循[③]。直到20世纪80年代末，学界研究多聚焦于新闻业对新技术的使用。随着第一份新闻出版物推向互联网，越来越多的学者开启了数字新闻研究的学术之旅。

一、数字新闻与数字新闻学：知识生产与文献计量的交叉视角

从知识生产的视角看，数字新闻学研究及相关学术成果，就是围绕数字新闻这一主题的意义阐释和建构。知识生产旨在描述、考察特定的研究对象，并以独特的研究视角或学术见解再现或建构历史实在或文化实在。在知识社会学家看来，知识生产既包括实践知识的生产，

---

① DEUZE M, WITSCHGE T. Beyond journalism: theorizing the transformation of journalism [J]. Journalism, 2018, 19（2）: 165-181.

② FERRUCCI P, VOS T. Who's in, Who's out? : constructing the identity of digital journalists [J]. Digital Journalism, 2016, 5（7）: 1-16.

③ 常江，田浩. 论数字时代新闻学体系的"三大转向"[J]. 山西大学学报（哲学社会科学版），2021, 44（4）: 44-50.

即新闻行动者在情境化、地方性的实践活动中的个体经验积累，也包括表象知识的生产，即以研究人员为主体的对客观世界运行规律的抽象概况和归纳，这种认知具有系统性、抽象性、去情境化等特点①。

　　一方面，数字新闻实践知识的生产借助于诸多不同的媒介形态，并发生于不同性质的媒体机构以及多样化的新闻编辑室场景。另一方面，数字新闻也涉及多元异质的新闻行动者主体与数字平台的关系博弈，乃至数字技术对经典新闻理论的颠覆，在价值性命题、解释性命题以及操作性命题层面亟须理论创新，这也必然指向表象知识的生产。

　　近十多年来，数字新闻学研究的相关英文文献激增，结出了丰硕的学术成果。那么，数字时代的新闻学理论体系研究现状如何？研究热点和研究前沿呈现何种趋势并取得了哪些成果？迄今为止，以文献计量学分析对学科的发展情况进行综述的研究尚不多见。特别是涉及大体量的文献数据，传统的人工综述分析难以通观全貌。由于数字新闻学研究在很大程度上属于跨学科研究②，研究成果碎片化，并呈指数级增长，这使得对既有研究的回顾和总结变得庞杂而繁复。研究综述常见的方法包括文献回顾、元分析和文献计量学分析③。在这三种方法中，文献计量学分析是最简单、最有效的方法，可以追踪任何学科和研究主题的发展趋势④。通过文献计量学分析，研究者能够获得较为全

---

①　张伟伟.“实践知识”与“表象知识”：作为“知识”的新闻与媒介社会学的研究演进[J]. 新闻记者，2018（9）：56-66.

②　常江.数字新闻学：一种理论体系的想象与建构[J]. 新闻记者，2020（2）：12-20，31.

③　DONTHU N, KUMAR S, MUKHERJEE D, et al. How to conduct a bibliometric analysis: an overview and guidelines [J]. Journal of Business Research, 2021, 133（9）: 285-296.

④　张兆曙，高远欣.知识生产与文献回顾：从技术指引到意义指引[J]. 天津社会科学，2019（1）：48-53.

面的学科图景，识别研究盲点乃至空白，并提示未来研究的思路①，因而可有效弥补传统文献综述写作的不足。总而言之，文献计量学分析是一种成熟的文献分析和信息挖掘方法，在定量和模型化的宏观研究中具有明显的客观性和优势。

本章采用文献计量学分析方法，借鉴知识社会学的视角，对1999年至2023年发表的数字新闻学研究文献进行分析，力图绘制全球数字新闻学研究二十多年间的知识图谱，客观探究国际学术界数字新闻学研究的现状、热点和理论前沿，从中寻找这一新兴学术领域未来的研究方向。

二、研究设计

笔者在Web of Science核心合集数据库中将引文索引设置为 SSCI（社会科学引文索引）和 A & HCI（艺术人文引文索引），文献发表时间设定为1999年到2023年，文献类型设置为"论文"或"在线发表论文"，语种为英语。本研究将搜索范围限定为"Digital Journalism（数字新闻）"或"Online Journalism（在线新闻）"，因为数字新闻不仅意味着更有效地利用数字化工具，还包括网络新闻和多媒体新闻等实践形态。以这两个关键词进行篇名和摘要搜索，检索到文献共计1205篇。剔除学位论文、会议论文、报纸文章和书籍章节后，得到期刊论文971篇，经过人工筛选和查重清洗，最终得到研究样本687篇。

之后，笔者基于VOSviewer和CiteSpace两种文献可视化分析软

---

① DONTHU N, KUMAR S, MUKHERJEE D, et al. How to conduct a bibliometric analysis：an overview and guidelines [J]. Journal of Business Research, 2021, 133（9）：285-296.

件，分别进行出版物分析、引文网络分析、时间线分析和突发性分析，并绘制出该领域的知识图谱。其中，出版物分析是通过对数字新闻学领域出版物增长情况的分析，确定领域内活跃度高的主要作者、研究机构、发表期刊和主要作者所在国家。引文网络分析可将主要作者、研究机构及其所在国家的引文网络进行可视化呈现。通过时间线分析和突发性分析，可以对关键词进行深入分析并确定研究热点。

三、学科交叉：全球数字新闻学知识生产概况

（一）发文数量趋势

由图1.1可知，自1999年第一篇关于数字新闻的学术成果发表迄今，二十多年间英文学术界数字新闻学相关研究的期刊论文呈波动上升趋势。根据年度发文量，大致可以分为三个阶段：1999年至2008年为初始起步期，年发文量均在10篇以下，该阶段关于数字新闻的相关理念研究和实践仍处于初步探索阶段；2009年至2014年为稳步提升阶段，年发文量均超过10篇，并保持持续上升势头；2015年以后进入爆发性增长阶段，年发文量都在50篇以上，2020年达到峰值85篇。成果数量和关注度均实现大幅增长。

数字新闻学研究在2005年后实现了质的飞跃。2005年以后，随着互联网全面进入Web 2.0时代，以博客为代表的各种新技术、新应用相继出现，新媒体形态不断丰富，用户生成内容（UGC）引发了数字平台在各个领域的普及，数字新闻业也不例外。另一个学术产出持续增长的节点出现在2009年。彼时，社交媒体平台已经具有数以百万计的庞大用户和流量增长潜力。值得注意的是，该领域的发文量在

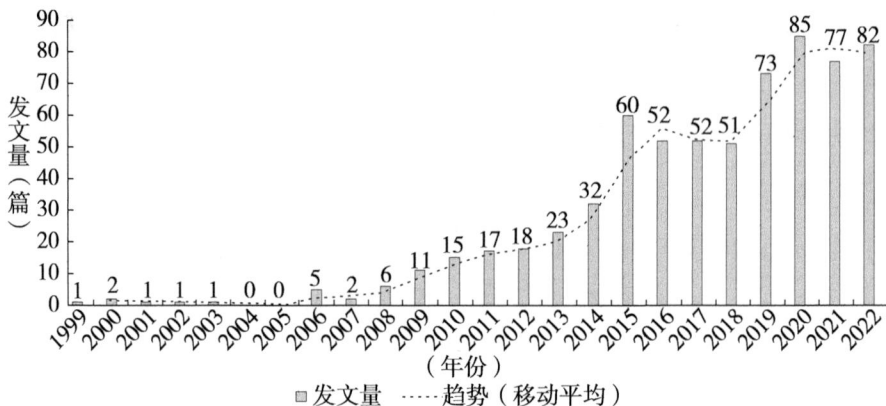

图1.1　数字新闻学研究年度发文量及趋势

2019年和2020年均实现了大幅增长。及至2021年，关于数字新闻学的发文量有所下降。因为2021年正值全球新冠疫情的高峰期，移动互联网技术被用来捕捉、策划和分发直播内容，因此学者的研究视线逐渐转向移动端。由于本研究只搜索以"数字新闻"或"在线新闻"为篇名或关键词的期刊论文，"移动传播"方面的研究文献未被纳入统计范畴。

在数字新闻学研究领域最具影响力、被引量排在前五的关键期刊分别为：《数字新闻》(*Digital Journalism*)、《新闻学》(*Journalism*)、《新闻实践》(*Journalism Practice*)、《新闻学研究》(*Journalism Studies*)和《新媒体和社会》(*New Media & Society*)，如图1.2所示。其中，被引量最高的是该领域的同名期刊——《数字新闻》。该期刊创办于2012年，恰逢数字新闻业如火如荼地发展之际，创办后的刊文量和被引量均居首位。研究结果进一步显示，该刊物在影响因子、H指数和M指数方面的表现也是领域内的佼佼者，为推动国际数字新闻学研究，特别是推动新闻学与众多学科交叉的学术研究提供了发表渠道。

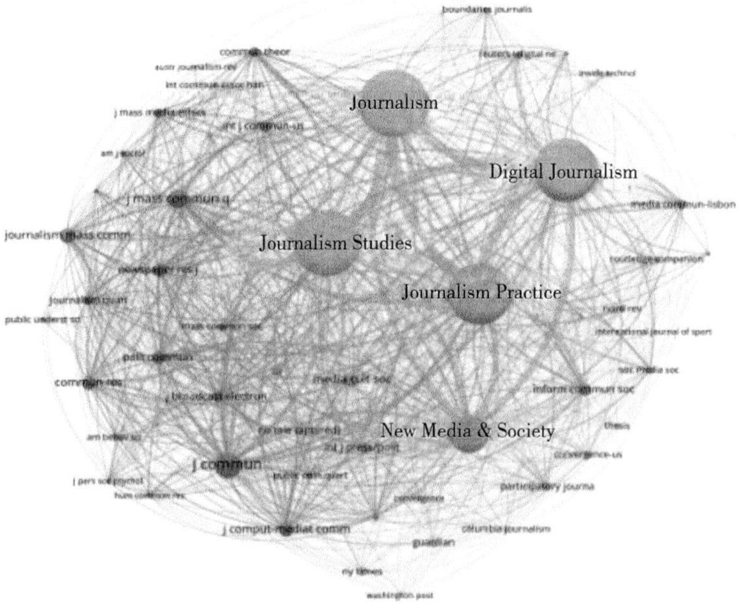

图1.2　数字新闻学研究领域期刊被引量示意

（二）主要作者与研究机构

接着考察数字新闻学知识生产中的主要作者和研究机构关联网络。近年来，许多新闻研究学者的研究议程越来越倾向于数字新闻。而且，来自许多不同领域的学者也加入了这一行列，他们的学科背景包括但不限于计算机科学、政治传播、媒体管理、移动媒体和传播等。经过CiteSpace操作，笔者发现该网络共有910个节点，796条连线，网络密度仅为0.0019，显示该领域知识生产合作程度较低，研究者之间关系稀疏，如图1.3所示。

关联网络的主要作者（核心贡献者）大都在欧美知名院校任职。其中，最高产的作者为美国俄勒冈大学的教授赛斯·刘易斯（Seth C. Lewis），包括期刊论文和书籍章节在内的学术产出达近百篇，其研究兴趣广泛，涉猎新兴技术的社会影响，重点关注新闻业的数字化转型，

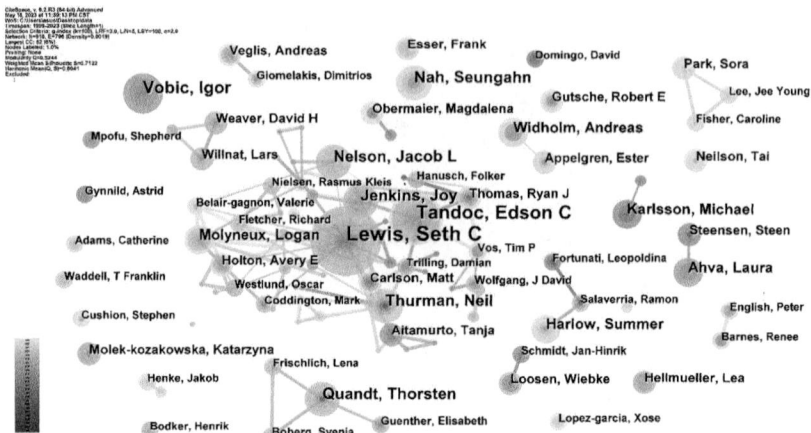

图1.3　核心作者关联网络示意

包括新闻生产以及人们在日常生活中如何理解新闻。在过去的十年间，他一直是数字新闻学创新研究的领军人物。此外，来自新加坡南洋理工大学黄金辉传播与信息学院的埃德森·坦多克（Edson C. Tandoc）的学术发表也颇为亮眼，现担任《数字新闻》期刊副主编，研究专长是数字时代的新闻和社交媒体信息建构。

　　研究结果显示，来自美国的研究人员贡献了最多的文章，达255篇，其次是西班牙（102篇）、巴西（91篇）和英国（84篇）。有学者在对自动化新闻的科学计量学研究中也得出过类似的结论。德国明斯特大学网络传播学教授托尔斯滕·康特（Thorsten Quandt）因高产而备受关注。他与合作者共同撰写了200多篇学术论文和多部著作，包括《参与式新闻学》一书，该书对公民新闻模式的建立具有重要影响。

　　相对而言，中国学者在国际上于数字新闻学领域的论文发表较为鲜见，可能由于发表成果以中文为主，在本研究中无法涵盖，因此并不必然意味着中国学者对数字新闻学领域的关注不够。作为一个新兴的学术生产领域，数字新闻学吸引了全球各国研究者的参与，足以显示出学术地位和重要影响。

从图1.4所示的共被引作者时区示意图看，托尔斯滕·康特、斯坦恩·斯坦森（Steen Steensen）、马特·卡尔森（Matt Carlson）等作者出现时间较早，共被引频次较高，可将这些作者视为数字新闻学研究领域的重要奠基人。总的来看，以上作者均为数字新闻学领域影响力较大的学者，他们对该领域起到了重要的方向引领作用。

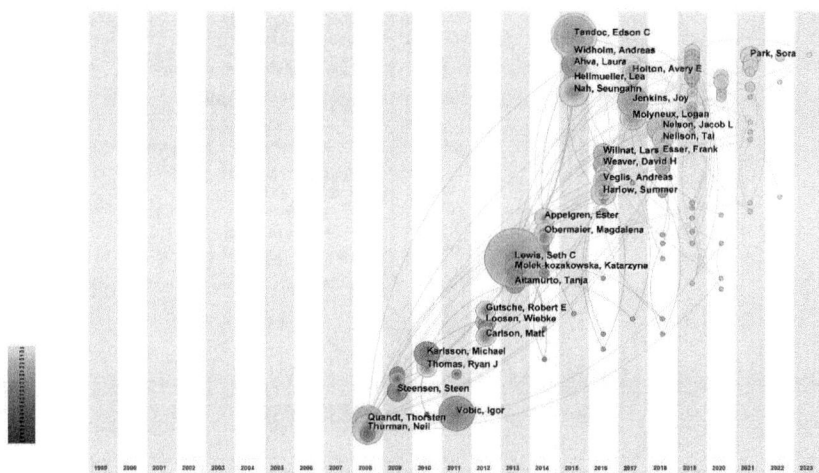

图1.4 共被引作者时区示意

四、分野与合流：数字新闻学的研究主题与热点分析

文献关键词是对研究主题的高度概括。样本文献的关键词词频和共现网络分析有助于提示数字新闻学领域的研究热点主题，而关键词聚类时间线视图可以反映出该领域各聚类热点主题时间跨度及演化历程。由图1.5所示的关键词共现网络图谱结合CiteSpace软件统计结果可

知，当时间切片设置为1，节点类型设置为关键词，纳入统计口径的样本文献共计提取368个关键词，关键词之间的连线数为543，网络密度仅为0.008。这表明数字新闻学研究的共现聚类结构十分松散。总的来说，1999年至2023年英文学术界的数字新闻学研究结构呈现多中心、碎片化的特点。

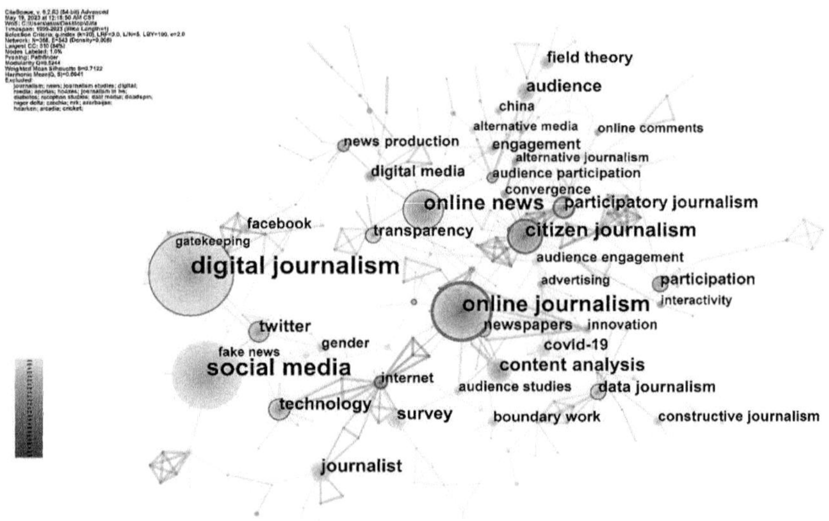

图1.5　关键词共现网络图谱示意

　　检验图谱绘制效果指标可见，聚类模块值（Q值）大于0.3，意味着聚类结构显著。聚类平均轮廓值（S值）大于0.7，代表聚类结果令人信服。如图1.5所示，圆圈大小代表关键词频次，频次越大，圆圈越大。其中，频次居前的共现关键词主要有"数字新闻""在线新闻""社交媒体""公民新闻""参与式新闻"等。此外，"数据新闻""建设性新闻"等近年来涌现的媒体实践形式也被纳入研究范围。从"技术""互联网""脸书""数字媒体""交互性"等关键词频次可见，数字技术与新闻业的耦合和彼此形塑始终是学界讨论的焦点。

　　根据学者的界定，如果一个研究聚类中包含一定数量的引用突现，则可将其视为一个新的研究领域①。同样，关键词聚类时间线图可以展现每个聚类中关键词的发展变化情况。利用这一方法，笔者从数字新闻学文献中提炼出十大新兴主题关键词，分别为公民新闻、在线新闻、社交媒体、数字新闻、互联网、数据新闻、建设性新闻、新闻实务、受众研究和网络暴力。总体来看，数字新闻学研究内容呈现出选题聚焦技术、关键词聚类不多、高频关键词较少等特点。同时可以看出，数字新闻学文献中的热门话题，如把关人理论、新闻真实、客观性、透明性、信任等带有新闻专业化取向的议题，意在思考数字时代如何重塑新闻业的专业权威并开展边界划定和协商。关键词聚类时间线示意如图1.6所示。

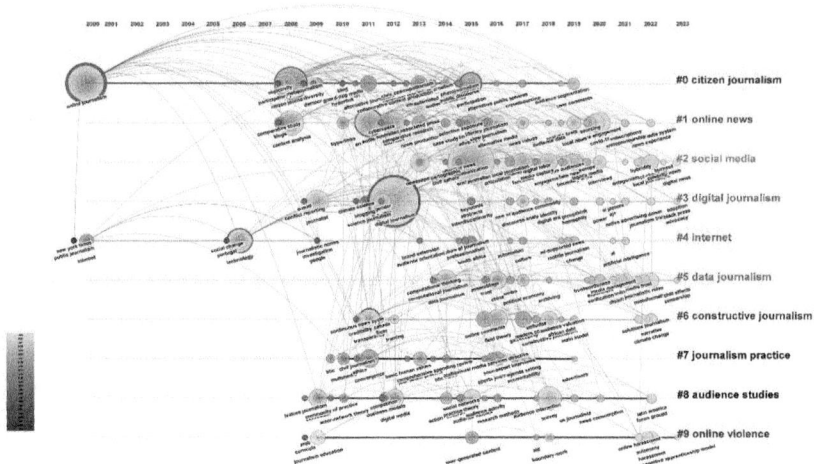

图1.6　关键词聚类时间线示意

① ZHOU W, CHEN J, HUANG Y. Co-citation analysis and burst detection on financial bubbles with scientometrics approach [J]. Economic Research, 2019, 32（1）: 2310-2328.

从图1.5和图1.6，以及数字新闻学的重点文献可以发现，数字新闻学研究具有两层意指：一是数字新闻学是新闻业在数字时代的新的生产理念和实践模式；二是数字新闻学研究作为一种新的新闻理论体系具有范式突破潜力。

有学者主张将数字新闻学研究视为一个独立的领域，不仅借鉴与其有联系的传播学、政治学、社会学和经济学等人文学科，也要加强与计算机科学和信息科学等领域的对话与融合。这意味着数字新闻学可以借力其他学科的理论资源，使之作用于产生科学知识的认识论过程。如果数字新闻学研究能够作为一个独立的领域而存在，那么它就具备了开放性和自主知识生产的可能，不必囿于经典新闻学研究的体系框架，因为后者难免带有某种程度的路径依赖。以此为思路，笔者认为，可从研究对象、核心议题和方法论三个方面归纳国际数字新闻学学术界的研究热点。

（1）媒介形态的变迁与演化。数字技术在新闻业态中扮演着生态性角色。2007年，苹果公司推出了带有本地应用程序的移动生态系统，其与后来出现的安卓移动操作系统共同推动了新闻内容生产、发布、流通方式以及公民获取新闻和消费新闻方式的重大转变[①]。移动通信成为当代社会中理所当然的一部分，移动设备为公民提供了无处不在的接入机会。事实上，一项跨文化调查结果显示，大多数人将智能手机作为获取新闻的主要途径，而且移动用户更普遍地使用社交媒体平台获取新闻。由此催生了信息类自媒体的崛起，学界的整体研究视角开始向用户转移，越来越强调用户参与和体验感。这一趋势性转变从图

---

① 常江，黄文森. 数字时代的新闻学理论：体系演进与中西比较[J]. 新闻记者，2021（8）：13–27.

1.7 的关键词频次突变分布示意图中可以窥视一斑。尽管如此，现有文献中对移动端新闻生产和消费的研究仍然相对有限。针对新闻编辑室和新闻工作的研究通常关注"在线"内容生产，在很大程度上忽视了与移动设备使用相关的新现象和新问题。

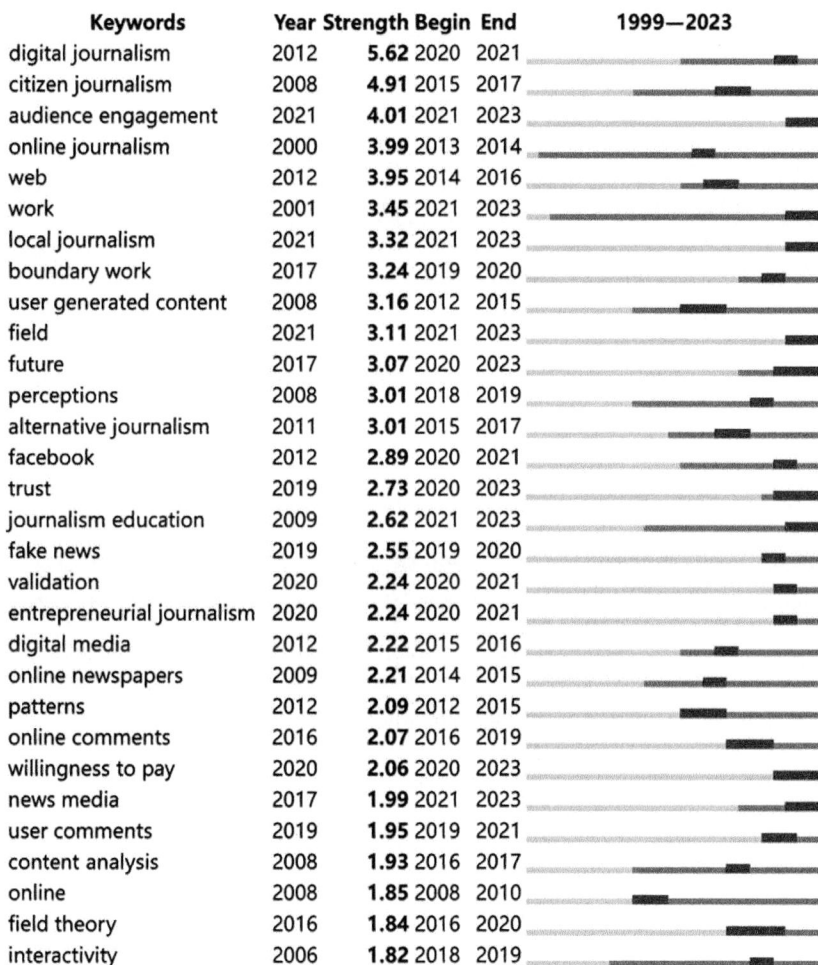

Keywords	Year	Strength	Begin	End	1999—2023
digital journalism	2012	**5.62**	2020	2021	
citizen journalism	2008	**4.91**	2015	2017	
audience engagement	2021	**4.01**	2021	2023	
online journalism	2000	**3.99**	2013	2014	
web	2012	**3.95**	2014	2016	
work	2001	**3.45**	2021	2023	
local journalism	2021	**3.32**	2021	2023	
boundary work	2017	**3.24**	2019	2020	
user generated content	2008	**3.16**	2012	2015	
field	2021	**3.11**	2021	2023	
future	2017	**3.07**	2020	2023	
perceptions	2008	**3.01**	2018	2019	
alternative journalism	2011	**3.01**	2015	2017	
facebook	2012	**2.89**	2020	2021	
trust	2019	**2.73**	2020	2023	
journalism education	2009	**2.62**	2021	2023	
fake news	2019	**2.55**	2019	2020	
validation	2020	**2.24**	2020	2021	
entrepreneurial journalism	2020	**2.24**	2020	2021	
digital media	2012	**2.22**	2015	2016	
online newspapers	2009	**2.21**	2014	2015	
patterns	2012	**2.09**	2012	2015	
online comments	2016	**2.07**	2016	2019	
willingness to pay	2020	**2.06**	2020	2023	
news media	2017	**1.99**	2021	2023	
user comments	2019	**1.95**	2019	2021	
content analysis	2008	**1.93**	2016	2017	
online	2008	**1.85**	2008	2010	
field theory	2016	**1.84**	2016	2020	
interactivity	2006	**1.82**	2018	2019	

图 1.7　关键词频次突变分布示意图

不可否认的是，数字生态下的新闻信息网络的构成已经与之前有着本质的差别。这种差别导致研究对象已经与"前数字时代"截然不同，导致传统新闻学理论体系的核心概念框架逐渐失效，新闻学的元话语体系面临合法性和认同危机。当然，研究对象的更替和变迁意味着关于新闻业的新的事实和新闻实践的热点现象不断涌现，在一定程度上倒逼研究者进行学科体系和理论范式的反思。同样，也为学科的重新理论化提供了经验材料和认知基础。

（2）数字与新闻的关系成为数字新闻学研究的核心议题，亦即数字在新闻学理论体系中扮演何种角色，是作为一种新的变量发挥作用，还是作为一种新的历史条件而存在，这一议题映射出数字与新闻之间的张力已被不少人关注。有学者主张，新闻业是一种文化实践，数字技术的作用不应被过分强调和解读[①]。到目前为止，英文学界在看待数字技术的问题上存在一种共识——认为不能仅仅将数字技术视为技术工具和系统，而应该将其嵌入更广泛的社会技术语境中进行讨论。也有学者提出，数字技术具有先验性，不仅能够改变和扩展新闻业边界[②]，也会催生新的行业规则和工作流程。进而，研究者开始思考数字新闻学作为一种新的理论范式是否具有普遍解释力的问题，对于在不同的社会语境和文化背景下的数字新闻实践，应该考虑将其整合并抽象为一种跨地域的理论体系。这反映出学界在数字时代对新闻学自身的理论范式和学科体系进行反思的自觉性[③]。

（3）对经典新闻学方法论的延续与超越。数字新闻学研究的跨学科性意味着该领域延续和继承了许多不同学科的研究方法。但问题的

---

① 常江，黄文森. 数字时代的新闻学理论：体系演进与中西比较[J]. 新闻记者，2021（8）：13-27.

② STEENSEN S, WESTLUND O. What is digital journalism studies? [M]. New York：Routledge，2020.

③ 常江. 数字新闻学：一种理论体系的想象与建构[J]. 新闻记者，2020（2）：12-20，31.

根本在于该领域在多大程度上超越了传统新闻学研究中的常用方法，来应对数字新闻中的数字特性。必须提到的一点是，方法论不仅与理论有关，而且与知识的社会生产息息相关。从某种程度上说，不同的研究方法蕴含着评估有效知识的不同方法。因此，研究方法乃至具体的操作路径实际上涉及认识论层面的差异。

本研究样本章献中反复出现的主题是新技术和数据的可用性。这不仅为数字新闻学研究创造了新的方法论机遇，甚至带来了一些潜在的偏差和认识论挑战。特别是近二十年来，随着计算机技术和网络技术的兴起，依托计算机和大数据而发展起来的新研究方法越来越多。数字新闻的一个核心特征就是它内嵌于以社交媒体平台为主导的信息网络。分析此类网络以及新闻业在其中的作用需要新的分析视角和研究方法。

数字新闻学研究的一个显著特点是研究方法的多样性。在媒体数字化转型的大潮中，研究对象的变化意味着原有的研究方法可能不再可行。虽然内容分析、问卷调查、深度访谈等传统方法并未失去其意义，仍会对数字新闻的各个方面产生有价值的见解，但数字技术给新闻业带来的新生态以及整个社会对大数据的普遍运用，使得计算研究方法逐渐获得社会科学领域的重视。这就不难理解为何"研究方法"这个词本身就是一个高频出现的关键词。此外，不少关键词中也提到了具体的统计方法，比如主题建模、LDA分析、回归分析、多层次分析、结构方程建模等。这表明新闻学的量化转向同样适用于数字新闻学。当然，应用自动化的、大规模的计算分析方法并非易事。它往往要求组建跨学科的研究团队，除了新闻学背景的研究者，还需要有计算机科学、计算语言学或统计学背景的团队成员。

五、走向自主的知识生产：数字新闻学研究的反思与展望

本章通过在全球学术信息平台 Web of Science 数据库中选取 1999 年至 2023 年英文学术界出版的 687 篇数字新闻学文献，综合使用先进的文献可视化分析软件 VOSviewer 和 CiteSpace，系统性梳理并以全景视角绘制了数字新闻学领域的知识生产现状、演进脉络、热点议题和前沿动向。总体来看，全球数字新闻学研究已经取得较为丰硕的成果，并处于蓄力发展阶段。现有的相关成果反映出学界在新的技术条件下反思和发展经典新闻学理论的学术自觉，已为未来的理论深化、完善奠定了坚实的经验基础。结合数字时代新闻学理论体系的转向和演化路径，笔者试从以下几方面提出未来研究方向展望：

首先，作为选择、解释、编辑和传播公共信息的现象和实践，数字新闻与数字技术相关联，并与用户有着天然的共生关系。本文赞同常江等学者对数字新闻属性与特征的研判，即它并非新闻的一个子类型，而是数字技术生态下的新闻本身。相应地，数字新闻学研究具有明显的跨学科性质。从这种本体论的层面出发，未来研究应该以互嵌交融的视角构建数字新闻学理论体系，深入考察新闻性、数字性以及以新闻为中介的不同参与主体的相互作用。

其次，作为一个研究对象样态日新月异、边界持续扩张的新兴领域，数字新闻学研究亟须对全新的信息环境加以诠释和规范，这无疑使其成为一个极具挑战的学术领域。本研究显示，现有研究已经围绕数据新闻、自动化新闻生产、算法、平台等不同的主题展开了研究，多数体现为案例分析和描述性讨论。在经验材料的基础上进行解释的探索性研究偏多，观点之间彼此缺少关联和对话，导致所取得的进展相

对较小，缺乏对深层价值议题的理论化探索。以往在大众传媒时代形成的经典新闻学理论对当前的数字媒体环境和传播模式的解释日趋乏力，客观上要求研究者秉承跨学科的多元视角，开辟新的领域，将原创性研究推向前所未有的高度，如借鉴和融合文化研究、女权主义批判、后殖民主义视角等方面的理论传统和学科视角。

最后，当前数字新闻学研究乃至传播学领域的国际研究成果仍以西方视角为主导，研究群体集中于美国和西北欧国家的学者。西方视角在理论和规范性假设、研究方法方面仍占主流。因此，笔者认为数字新闻学研究视角需要兼容并包，应该包括来自全球各个国家在内的多样研究成果，而不是简单延续以美国为基准的功能主义和信息论研究传统。一方面，国际新闻学权威期刊编委会成员中应提高其他地域学者的比例，确保专业知识的多元产出，听到来自不同社会语境和文化背景的声音。另一方面，需要其他国家的学者产出更多的严谨和高质量的学术成果，这样才能顺利通过同行评审。笔者认为，全球新闻学研究者需要交流互鉴，将各自最优秀的学术成果推向前沿，以实现在彼此关照基础上的自主性知识生产，构建包含多元化议题和多样化方法的更加开放、包容的数字新闻学学术话语体系。

本研究的主要局限性与数据库和样本来源有关。由于纳入研究口径的文献样本均来自Web of Science数据库，该数据库收录的是1999年至今的英文文献，因此1999年之前的论文未被纳入讨论范围。但从知识生产社会学的视角来看，本研究的样本章献基本能够准确反映数字新闻学领域的研究现状。未来的研究可以聚焦该领域的其他细分主题，或利用 Web of Knowledge 和 Scopus 等其他数据库绘制研究机构和主要作者合作模式图，以促进数字新闻学多维度和深层次的理论体系建设。

—— 第二章 ——

数字新闻学的理论脉络

一、如何理解数字新闻

在数字新闻学这片学科交叉地带，研究者可以从不同的学科视野就某些案例或现象进行讨论，前提是特定的学科视角适用于特定案例或话题。这意味着该领域有望探索和建构出崭新的理论概念和体系。本章将探讨理论建构对于数字新闻学研究的重要性，以及如何利用和发展各种学科的理论来回答与数字新闻业发展相关的诸多研究问题。

在本书的第四章和第五章，会详细讨论数字新闻学研究的核心议题和实践创新。本研究关注技术、平台和受众在数字新闻学领域的主导意义。当然，这并不意味着数字新闻学研究的一切都与技术、平台和受众有关，也不意味着对数字新闻学感兴趣的研究者所利用和发展的理论视角、框架和假设仅限于这些话题。笔者认为，数字新闻学研究的意义远不止于此。拥有不同学科背景的研究者各自的阐释角度和理论体系必然是多元的。

本章将集中讨论理论体系在数字新闻学领域的统领作用，系统梳理本领域学者常用的理论资源。本章还将指出当下全球数字新闻学研究的一些理论盲点。首先我们需要讨论理论的多重内涵，以及不同理论派别在学理层面的研究方向和意义。

（一）理论的多重内涵和重要意义

"理论"这个词有多重内涵。理论是与实践相对的，它可以是解释性的，或者意味着可以被测试、证实或证伪。理论可以是宏大的，也可以是基础性的，可以是针对某一现象发展并归纳式地引导出来的，也可以是演绎和归纳得出对某些事物或现象的理解和论述。理论构建反映了不同学者的研究旨趣所在。自然科学家对理论的理解通常较为一致，而对于人文科学的研究者来说，理论指向是千人千面的。无论它是理性的、批判的、务实的或规范的，都在社会科学这一庞杂的范畴内。Mjøset区分了社会科学中对理论的三种不同态度[1]。第一种是自然科学的态度，这意味着将理论理解为规律性的知识积累，这一过程涉及从宏观理论中推导出假设，并依据经验材料对其进行检验。第二种是人文与社会科学的态度，这意味着对理论的理解是研究者在具体情境中通过与研究对象互动建构对社会现象的意义阐释。第三种表现为实用主义取向的文献研究，即在收集与整理研究领域相关文献的基础上，通过对文献的研究形成认识。

（二）数字新闻学研究的理论取向

上述三种取向在数字新闻学研究中兼而有之。有学者甚至认为，

---

[1]　MJØSET L. No fear of comparisons or context: on the foundations of historical sociology [J]. Comparative Education, 2006, 42（3）: 337 - 362.

人文与社会科学研究取向在数字新闻学研究中最为常见，其次是技术和政治科学视角。值得注意的是，数字新闻学研究中人文与社会科学和政治科学的视角往往与对数字技术的讨论相结合，这意味着技术已然成为研究的重点，或者研究者运用了能够阐释数字技术与新闻业交融与互构的人文与社会科学或政治科学理论。一项针对数字新闻学领域已经刊发的172篇论文摘要的分析发现，38%的研究论文采用了以这种技术为导向的人文与社会科学或政治科学视角。[①]

此外，数字新闻学研究者很多是从经验数据中发展出中观甚至微观的理论。从这个意义上说，数字新闻学研究与新闻学研究甚至一般的传播学研究并无二致。这种对理论建构的实用主义立场意味着研究不是从宏大的理论中提出假设，而是以一种归纳的、类似于扎根理论的方式基于先前获得的经验数据形成理论观点。例如，有学者[②]分析了英国广播公司（BBC）全球新闻编辑室的记者对社交媒体和用户生成内容的使用情况，以及这种行为对记者这一职业群体的影响。作为该领域的权威刊物，《数字新闻》中发表的很多文章是通过引入新的概念或理论框架来阐释行业新现象或规律。

接下来，本章将讨论数字新闻学领域中较有影响力和较常见的理论。这些理论不仅出现在国际期刊发表的论文中，而且被用来解读和分析数字新闻学研究中获取的经验数据。

---

①　USHER N. Al Jazeera English online [J]. Digital Journalism, 2013, 1（3）: 335-351.

②　JOHNSTON L. Social News = Journalism Evolution? [J]. Digital Journalism, 2016, 4（7）: 899-909.

二、社会系统视角下的数字新闻学

在人文与社会科学视角下，数字新闻被理解为一种社会系统，在这个系统中社会各要素通过相互作用而形成了较稳定、有组织且相互联系的复杂整体。一系列与社会系统相关的理论被用来解释和探索数字新闻在社会中扮演的角色、重要性及其与其他传播形式和社会其他部分的异同。

具体来说，卢曼的社会系统理论可以解释数字新闻在社会中的地位，即它如何与其他社会系统（如科技创业公司最初所属的社会系统）区分开来，并创造意义的边界[①]。布尔迪厄的场域理论也可以用来分析新闻组织、新闻生产实践、新闻产品和专业人员与其他社会领域之间的联系，例如广告业或者科技创业公司的技术人员如何挑战新闻领域的边界[②]。与场域理论一样，新制度主义也是一种社会系统理论，关注宏观层面的结构性力量对微观层面的具体实践或行动的影响[③]。将数字新闻业作为一种制度来分析，就意味着分析数字新闻室、新闻媒体和其他新闻组织实践的预设和隐性知识。

上述理论的核心是通过分析个人行为如何与更大的组织结构协商互动，从宏观视角对新闻业在数字社会中的运作和发展模式进行解读。因此，社会系统理论提供了分析心理结构、物质结构与数字新闻机构之间彼此形塑的框架。同样，在组织理论和影响层次理论等中观理论中也能找到相似的阐释路径。只不过这些理论的旨趣不在于从宏观层

[①]　LOOSEN W. The notion of the "blurring boundaries": journalism as a (de-) differentiated phenomenon [J]. Digital Journalism, 2015, 3 (1): 68-84.

[②]　WANG Q. Dimensional field theory [J]. Digital Journalism, 2018, 6 (4): 472-491.

[③]　RYFE D, MENSING D, KELLEY R. What is the meaning of a news link? [J]. Digital Journalism, 2016, 4 (1): 41-54.

面上解释社会。在组织理论框架下，可以理解新闻机构和科技创业公司如何被组织以外的结构性力量以及作为组织一部分的不同职业类型和生产活动构建与重塑。组织理论已被应用于数字新闻学研究中，如分析数字化环境下特定的新闻条线报道[①]。同样，新闻生产研究也以新闻组织为出发点，分析从业者能动性以及物质性如何塑造数字新闻的生产方式[②]。这类研究有助于人们理解新闻价值理论和把关人理论等经典理论在数字时代的嬗变和发展。

由于数字时代的新闻业已经越来越独立于新闻组织，并受到宏观、中观和微观层面的各种结构性力量的影响，舒梅克和瑞斯两位学者[③]提出了影响层次理论。在他们看来，由社会系统、社会机构和组织以及日常实践和个人分别从宏观、中观和微观三个层面对数字新闻业的演进和发展产生影响。同样，实践理论[④]也被用来讨论物质性和话语互动对数字新闻业态的形塑。

如果研究者关注的是媒体公司、平台和产品如何影响内容创造以及这些内容被分享的背后机理，那么，媒体逻辑理论也同样具有强大的阐释力。尽管该理论是在大众媒体时代发展起来的，但它可以分析数字时代不同媒体和平台的逻辑起点，并为理解复媒体环境中用户的平台摇摆行为提供了较为清晰的逻辑路径。

---

① LUBLINSKI J. Structuring the science beat: options for quality journalism in changing newsrooms [J]. Journalism Practice, 2011, 5（3）: 303 - 318.

② LEWIS S C, USHER N. Code, collaboration, and the future of journalism [J]. Digital Journalism, 2014, 2（3）: 383 - 393.

③ SHOEMAKER P J, REESE S D. Mediating the message [M]. New York: Longman, 1996.

④ BOURDIEU P. Outline of a theory of practice [EB/OL]. http://www.amazon.co.uk/dp/052129164X.

三、社会技术实践视角下的数字新闻学

数字新闻学领域反复出现关于技术、权力和变化之间关系的讨论。技术是数字新闻业变化背后的强大驱动力，抑或只是影响新闻业发展的若干事物之一？又或者恰好相反，数字新闻业的发展形塑了技术发展？

科技与社会研究领域（STS）的丰硕成果在很大程度上影响并丰富了数字新闻学研究，使学界对技术与新闻的关系有了更加细致入微的规律性认识。STS 研究者关心科技社会的复杂面貌、科技发展的社会意涵、争议等各种问题。技术决定论的前提是技术对社会和文化的多样性视而不见，并且无论在哪里引入技术，都会强制改变社会和文化，这种研究取向曾一度主导数字新闻学研究。但其后多位学者的研究表明，技术绝非社会和文化变化的盲目决定因素。技术是在社会和文化基础上形成的。相应地，技术的社会建构理论（SCOT）为理解与数字新闻生产有关的技术、物质性和社会实践之间的相互作用提供了颇具影响力的理论资源。

与此相对，可供性理论开辟了技术决定论和社会建构理论的中间地带。该理论在数字新闻学领域的研究中已被广泛使用，用于讨论技术、媒介与主体之间的关系。可供性的概念起源于知觉生态学，强调主体对环境所能提供功能的感知[1]。它强调了人类具有消化并使用技术物的能力，强调特定技术如何为用户提供特定的功能，以塑造特定的

---

[1] GIBSON J J. The ecological approach to visual perception [M]. Boston：Houghton-Mifflin，1979.

社会结构，亦被译作"示能"或"机缘"。在这一理论视野下，可供性并不局限于有关技术的客观特征或设计功能，而被认为在特定环境下彰显技术使用中人的感知、态度和期许，并涉及中介、物质性和互动三个面向，即想象的可供性①。国内学者对于这一理论概念的译介和使用进行了细致辨析，认为"示能"的译法更有助于对概念的理解，并能超越结构与能动的二元框架，深入关照人与技术的关系以及使用者与技术平台之间的情境化互动②。

　　无论是技术的社会建构理论还是可供性理论，都承认技术与社会环境的互动关系，认同身处技术系统中的个体的能动性。它们的共同点在于技术通常是研究问题的起点，与技术相关的社会语境很容易被识别并阐述出来。然而，在哪里可以找到新闻，谁在生产新闻，新闻存在于什么技术平台，以及数字时代各种职业新闻社群和业余群体的竞合关系等问题不断显现。面对数字时代新闻业充满不确定性的未来，社会技术理论得到了广泛流行。

　　社会技术理论摒弃了任何对社会系统的塑造主体和过程的先入为主的想法。法国社会学家拉图尔提出的行动者网络理论（ANT）③就是一个中层的社会系统理论。它不仅强调新闻和技术的相互塑造，而且将人类、技术和物质行动者并列看待，认为这三者的相互塑造同样重要。该理论因其非决定性的、无偏见的和经验性的取向而受到学界肯

---

　　①　NAGY P, NEFF G. Imagined affordance: reconstructing a keyword for communication theory [J]. Social Media + Society, 2015, 1（2）: 1–9.

　　②　孙凝翔，韩松. "可供性"：译名之辩与范式／概念之变[J]. 国际新闻界，2020（9）: 122–141.

　　③　LATOUR B. Reassembling the social: an introduction to actor–network–theory [M]. Oxford: Oxford University Press, 2007.

定①，但也有学者认为ANT本质上是一种方法论，只能提供枯燥的描述，因而缺乏理论上的深度和广度。

与ANT理论类似，同质性、资源依赖性和社会影响理论等网络理论也将潜在行动者纳入经验研究的对象之列，同时强调网络的关系属性。近年来，"生态系统"和"景观"等空间转向的研究关键词频繁见诸传播学领域的学术刊物，"网络"这一关键词也在数字新闻学研究中被广泛提及。

四、媒介组织商业化视角下的数字新闻学

数字时代新闻业的盈利困境引起了人们对建制化的新闻组织机构及其商业可持续性的关注。借助经济学中的理性选择理论，新闻记者被视为"追求物质和非物质回报最大化的理性行动者"②，在特定的情境中有不同的行为策略可供选择；如果讨论为什么传统新闻机构难以应对行业环境变化③的问题，路径依赖理论具有相当的阐释力和理性洞见。此外，以受众为中心的使用与满足理论，也可以用来分析新兴的新闻消费模式④。

---

① PRIMO A, ZAGO G. Who and what do journalism? [J] Digital Journalism, 2015, 3 (1): 38 - 52.

② FENGLER S, RUß-MOHL S. Journalists and the Information-attention markets: towards an economic theory of journalism [J]. Journalism, 2008, 9 (6): 667 - 690.

③ KOCH J. Strategic paths and media management — a path dependency analysis of the german newspaper branch of high-quality journalism [J]. Schmalenbach Business Review, 2008, 60 (1): 50 - 73.

④ DIDDI A, LAROSE R .Getting hooked on news: uses and gratifications and the formation of news habits among college students in an internet environment [J]. Journal of Broadcasting and Electronic Media, 2006, 50 (2): 193 - 210.

如果需要分析新闻编辑部高层管理人员和一线记者编辑人员对数字编辑部文化的认知和看法，组织发展理论则比较适合[①]。从这个意义上来说，组织发展理论与创新理论具有共通之处。特别是罗杰斯的创新扩散理论，在数字新闻学研究中被用来分析创新的过程以及新闻媒体机构如何进行变革。有意思的是，"传媒行业"和"经济理论"等关键词在数字新闻学研究中被"可持续性"或"创业精神"等更灵活、以个人为中心、与商业相关的概念取代。这种转变代表了新闻业从组织机构到个人创业的转变，在传统新闻机构之外，凸显出媒体从业者通过创新创业的举措重塑自己作为创新主体的形象。由是观之，作为传媒行业中的一个分支，新闻业的价值和意义需要被重新审视[②]。针对新闻业的研究，需要超越传统的媒体机构和组织，特别是其中的新闻创业企业，值得深入研究[③]。

五、文化生产和话语实践视角下的数字新闻学

文化和语言的研究视角在数字新闻学研究中占比较小。一项由国外学者开展的文献分析显示，在数字新闻学的学术期刊发文中，以文化和语言理论作为分析工具的成果约占研究总数的9%。

传统上，透过文化理论的视角来分析新闻业，意味着质疑新闻学的预设前提，剖析记者对自身职业角色和身份的认知，并试图理解新

---

① GADE J. Newspapers and organizational development: management and journalist perceptions of newsroom cultural change [J]. Journalism & Communication Monographs, 2004, 6（1）: 5 - 55.

② ANDERSON C W, BELL E, SHIRKY C. Post-industrial journalism: adapting to the present [J]. Geopolitics, History, and International Relations, 2015, 7（2）: 32 - 123.

③ DEUZE M, WITSCHGE T. Beyond journalism [M]. Cambridge: Polity Press, 2020.

闻业的多样性，将新闻实践和媒介产品与权力、意识形态、阶级、种族、性别等问题联系起来。然而，数字新闻学视野下的文化框架似乎更关注新闻业与日常生活的交集，关注媒体生产在日常生活中与传播行为及文化生产发生交集的时刻。由此可以看到数字新闻学研究的受众转向。因为"受众"是仅次于"平台"的第二大主题关键词群。这些关键词群包括典型的政治学视角（如"公民""参与""公众"），也包括文化研究领域的多个主题词（如"读者""业余""感知""社群"等）。

媒介批判传统是随着欧洲批判学派的发展而逐步建立的。其中，以兴起于德国法兰克福大学社会研究所的学术团体——法兰克福学派最负盛名。该学派涌现出一群知名的社会科学学者、哲学家、文化批评家。他们以对现代社会特别是对当代资本主义社会进行多学科综合性研究与批判为己任，致力于揭示文化工业操纵意识形态的本质。一方面，它意味着透过元新闻话语[①]检视新闻从业者的身份认知，另一方面，它意味着对新闻业话语表达和意义生产的比较。符号学视角中的文本不仅被理解为书面语言，也被理解为静态和动态图像、肢体语言等，这对于理解新闻业作为视觉文化以及意义生产的多样性是极为重要的认识论前提。此外，语言研究也越来越强调数字新闻文本的社会和文化语境，这就要求在文本研究中考虑到物质和语境因素。

---

① CARLSON M. Metajournalistic discourse and the meanings of journalism: definitional control, boundary work, and legitimation [J]. Communication Theory, 2016, 26（4）: 349 – 368.

六、数字新闻学研究的理论盲点

以上所讨论的理论代表了数字新闻学研究中的主要学科观点。当然，它们并非现有研究中的全部理论工具，也并不能穷尽全部有价值的理论洞察。什么是数字新闻，在哪里可以找到它，谁在生产、传播和消费它，以及为什么它很重要，这些都是数字新闻学研究的重要理论知识。这些知识是通过实证调查和扎根理论启发的理论概念积累而成的。随着数字新闻业新技术、新现象的不断涌现，数字新闻学的研究对象在不断变化，需要永葆学术敏感、好奇心以及对理论思考的不懈追求。

当前，数据新闻学领域的知识积累和理论建构仍存在盲点。第一个盲点与数字新闻学领域强调变化的研究立场有关。换句话说，数字新闻学研究中似乎缺乏长周期的纵向研究视角。有学者研究了《数字新闻》发表的文章中所引用的资料，发现这一短板非常明显。2013年至2019年第4期发表的350篇文章中，共有14794条参考文献。其中59%的参考文献指向2010年之后发表的研究，只有13%为2000年之前发表的文献。由此可见，数字新闻学研究对本领域的现状和未来的关注度很高，但缺乏与过往研究成果的关联。毫无疑问，在这样一个日新月异的学术领域，强调当下是可以理解的，甚至是合乎逻辑的，因为在某种程度上说，数字新闻学研究关注的是新技术的发展如何推动行业的变化。然而，这并不意味着研究只局限于当下正在发生的变化，或者停留在如何用现有理论和研究视角来审视这种变化。因此，数字新闻学研究应该重新思考新闻业的过往，并加强与经典新闻学理论的对话，更好地理解本领域的研究现状，并预测未来的研究走向。

第二个盲点是数字新闻学研究的方法论越来越倾向于计算科学和

大数据研究，对人文与社会科学的方法仍存有一定程度的偏见。已有学者提出了不少数字新闻学研究的关键命题，包括新闻文本中的思想和话语是如何建构的，新闻业如何为它所服务的社会和文化创造意义，新闻业如何作为一个知识生产行业发挥作用，以及这些问题如何与其历史发展过程发生联系等。为了解答以上这些问题，数字新闻学研究应该更加重视人文与社会科学理论视角和定性研究方法。如若人文与社会科学的视角被边缘化，研究则可能因忽略社会、政治以及数字技术对新闻业的文化影响而失之偏颇。

数字新闻学研究是一个高度交叉、跨学科的领域，不仅与人文与社会科学领域的对话不够，也亟须展开与技术有关的研究领域，如计算机科学、信息学和信息科学等学科的融合。某些学者已经一针见血地指出，数字新闻学研究的盲点是未能将关于数字新闻的实证研究结果与数字文化的其他领域展开对话，也缺乏与其他领域和学科的概念交流。学者在研究时应该超越某个或某些技术话题，更多地在学理层面与计算机科学、信息学等领域和学科建立关联。例如，理论计算机科学领域以算法和描述性的措辞为任何系统从规范到有效实施的本质提供了概念和语言[①]。由于数字新闻业对机器算法的深度依赖，获得这样的概念和语言对数字新闻业的学术研究似乎至关重要。同样，信息学对自然和工程系统信息转换的理论阐述对数字新闻学研究也具有很大的参考价值。像调查性报道这样的数字新闻业实践活动，越来越关注对大量非结构化数据的分析，这就必然需要方法论支撑和足够的理论知识积累。

---

① VAN lEEUWEN J. Handbook of theoretical computer science: algorithms and complexity [M]. Amsterdam: Elsevier, 1990.

第三章

数字新闻学的研究方法

　　研究方法与理论分析紧密相连。它们之间的桥梁是研究者提出的研究问题。研究问题一方面与理论假设有关，另一方面决定了研究过程采用的方法和分析工具。鉴于数字新闻学的跨学科性质，许多不同学科的研究方法也适用于数字新闻学研究。但问题在于，数字新闻学研究在多大程度上推进了方法论的创新，有没有超越传统新闻学研究中的常规方法，并呼应数字新闻学中的"数字"这一特性。

　　本章无意于穷尽数字新闻学研究中的所有方法，而是将重点放在近年来数字新闻学领域新兴的方法上。本章关注以下三种方法论路径：一是适合推进内容分析和信息网络数字新闻分析的数字化研究方法；二是适合分析编辑室内外的数字新闻生产的数字民族志研究；三是适合分析数字新闻中的受众参与和用户卷入的方法。

一、现有研究中的方法论

　　有学者在分析2013年至2019年发表在《数字新闻》上的文章的关键词时发现，"方法论"本身就是其中的一个关键主题词。研究还发现，内容分析法是迄今为止数字新闻学研究中最流行的方法，其次当属调查研究法、对比研究和访谈法。

从某种程度上说，"研究方法"一词出现在该领域期刊论文的关键词之列，表明研究方法的多样性是数字新闻学研究中的一个重要特征。另外，很多关键词提到了统计方法，如主题建模、LDA（一般指隐含狄利克雷分布，是一种主题模型，可以将文档集中每篇文档的主题按照概率分布的形式给出）、回归分析、多层次分析、结构方程模型等。这预示着新闻学研究的"量化转向"[1]同样适用于数字新闻学研究。

与此相对，人文与社会科学的传统研究方法在数字新闻学研究中并不常见。相关研究结果[2]也印证了这一点：研究者发现数字新闻领域的95篇学术文章中只有13篇采用了文本分析或话语分析的质化研究方法。此外，《数字新闻》期刊的编委特别组织了一期题为"数字新闻时代的研究方法反思"的专刊（2016年第1期）。这一期刊发的16篇文章中约有一半在探讨计算研究方法在数字新闻学研究中的应用。这表明数字新闻学研究中的大部分方法论与技术如何推进研究设计有关。

二、计算研究方法

近年来，随着计算机技术和网络技术的兴起，科研工作者开始广泛地运用新技术手段，依托计算机和大数据而发展起来的新的研究方法越来越多。数字新闻的一个核心特征就是它内嵌于以社交媒体平台

---

① CODDINGTON M. Clarifying Journalism's quantitative turn [J]. Digital Journalism, 2014, 3（3）: 331 - 348.

② STEENSEN S. Journalism's epistemic crisis and its solution: disinformation, datafication and source criticism [J]. Journalism, 2019, 20（1）: 185 - 189.

为主导的信息网络。分析此类网络以及新闻业在其中的作用急需新的分析视角和研究方法。在媒体数字化转型的大潮中，研究对象的变化意味着原有的研究方法可能不再可行。虽然内容分析、问卷调查、深度访谈等传统方法并没有失去其意义，仍会对数字新闻的各个方面产生有价值的见解，但新闻业以及整个社会对大数据的普遍运用，使得计算研究方法获得社会科学领域的日益重视。

其中，用户数据和指标分析已经成为关键的计算研究方法，有利于高效监测（和利用）数字新闻的受众行为。越来越多的计算机研究方法和技术可以用来收集和分析与新闻生产、传播和消费有关的数据。在计算机科学和计算语言学中发展起来的这种研究方法不仅可以用来进行自动化的内容分析，也可以分析信息网络，以及传播效果指标。以下内容首先探讨数字新闻学研究中内容分析法的新进展，然后讨论信息网络的计算分析法。

（一）数字新闻学中的内容分析法

早在《数字新闻》创办刊行的时候，就有学者[①]提出，新兴的计算社会科学领域可以为数字新闻学研究提供很多分析利器，特别是发展于大数据时代的内容分析法。为了证明计算机自动化方法能够获取内容的语义和文体属性，从而使内容分析扩展到前所未有的规模，研究人员开始尝试采用数据挖掘、机器学习和自然语言处理（NLP）技术。

当然，应用大规模、自动化内容分析方法并非易事，它往往需要

---

① FLAOUNAS I, ALI O, LANSDALL-WELFARE T, et al. Research methods in the age of digital journalism: massive-scale automated analysis of newscontent—topics, style and gender [J]. Digital Journalism, 2013, 1（1）: 102 - 116.

有一个跨学科的研究团队，除了新闻学背景的研究者外，还需要有计算机科学、计算语言学或统计学背景的团队成员。有学者[1]开发出了与数字新闻自动化内容分析有关的技术工具包，也有学者列出了一份如何使用这种工具包的步骤指南[2]。这份指南特别强调了自动化内容分析过程的复杂性，建议研究人员经过周全、审慎的数据准备和分析过程。原因很简单，计算机不能像人类编码员那样理解文本。

除了上述讨论的由大数据支持的内容分析法，另一种新兴的方法被研究者称为液态内容分析法[3]。这种方法可以追踪新闻项目的生命周期。在数字化媒体时代，新闻内容的发布不像报纸那样有固定的出版周期，而是在网络更新中频繁流动，并与其他最新消息和过去的新闻交织在一起。数字新闻的这种流动性和液态特征正好对应移动互联网时代信息流的网络化性质，而数字新闻业无疑是网络的一部分。

（二）信息网络的计算分析法

在当前的媒体环境下，信息传播的手段更加多样化，平台型公司成为媒介生态中的重要角色。诸如"信息网络""新闻网络"和"新闻生态系统"已经成为数字新闻学研究的关键词，这意味着数字时代的新闻学和新闻业逐步被视为信息系统的一部分，其中涉及不同性质的网络行动者。因此，分析这些信息网络和新闻网络以及新

①　BOUMANS J W, TRILLING D. Taking stock of the toolkit [J]. Digital Journalism, 2016, 4（1）: 8 - 23.

②　GUNTHER E, QUANDT T. Word counts and topic models: automated text analysis methods for digital journalism research [J]. Digital Journalism, 2016, 4（1）: 75 - 88.

③　KARLSSON M, SJOVAAG H . Content analysis and online news [J]. Digital Journalism, 2016, 4（1）: 177 - 192.

闻业在其中的作用成为数字新闻学研究的重要任务。这方面比较典型的研究包括分析与某一特定主题或事件相关的新闻如何在各种平台之间传播。

　　超链接的意义超越了其在数字新闻中的技术物质性，因为它与互动性、透明度、可信度和多样性等多重价值相勾连[①]。对超链接的分析可以检视在线内容在不同平台上的传播时间、渠道以及频次，乃至各种信息网络的不同构型。即便在不同的平台上，超链接也有其独特的研究价值。分析跨平台的超链接，可以通过使用平台专用的搜索工具手动完成，但如果研究需要分析大量的超链接或识别特定平台或网络在特定时间段内的所有超链接，那么就需要采用计算研究法（也称计算分析法）。

　　举例来说，国外有学者对北欧国家在线新闻网站的超链接进行了系统性的研究[②]。在这项研究中，研究者分析了658个北欧新闻网站的2200万个超链接，以评估媒体系统的结构属性。研究者编写了一个脚本，从所有网站收集超链接，并将内部链接储存在一个数据库中，将外部链接储存在另一个数据库中。共计存储了7900万个外部链接，其中，2200万个是658个新闻网站之间的链接。然后他们对这2200万个超链接进行了分析。由此看来，计算研究法存在较高的技术门槛，一方面需要研究者计算机科学方面的高阶技能，另一方面需要由新闻学研究者和计算机科学家组成跨学科团队。

---

　　① DE MAEYER J, HOLTON A E. Why linking matters: a metajournalistic discourse analysis [J]. Journalism, 2016, 17（6）: 776 - 794.

　　② SJOVAAG H, STAVELIN E, KARLSSON M, et al. The hyperlinked scandinavian news ecology: the unequal terms forged by the structural properties of digitalization [J]. Digital Journalism, 2019, 7（4）: 507 - 531.

三、数字民族志研究

上文讨论的数字新闻生产、传播和消费的网络化特性也给民族志研究带来了挑战。在民族志研究方法中，参与式观察法在20世纪70年代一度作为经典方法而存在。这一研究传统随着多位知名学者著书立说而重放异彩。这一轮新的民族志研究试图了解互联网和数字技术如何影响新闻生产的实践和文化。此类研究不仅有助于理解传媒技术和新闻实践在新闻编辑室中的相互影响，甚至还表明互联网时代之前的新闻生产研究的民族志方法需要与时俱进，方能适应现代数字新闻编辑室的变化。这种方法难免更强调变化和创新，忽略传统性和连续性，导致研究者的主观偏见。此外，还有一些其他问题也值得反思。

从新闻内容生产、传播和消费日益网络化的角度看，不同于传统媒体时代新闻生产场所固定、工作时间固定的行业运作方式，现代化的数字新闻编辑室分散在多个地方、平台和媒介组织，在时间和空间上呈现出一种离散特性，数字通信技术拉近了网络行动者彼此之间的距离。有学者指出："记者和编辑分布在不同的地方，但都在为报道同一条新闻而工作；虽然不在一处，但他们都能访问、传送和编辑相同的新闻素材，这显然给传统意义上的民族志研究带来了相当大的挑战。"[1]同一位研究者不可能同时出现在多个地方。因此，这个问题限制了一个研究者所能收集的数据。理想的解决方案当然是研究的团队成员同时出现在多

---

① COTTLE S. Ethnography and news production: new（s）developments in the Field [J]. Sociology Compass, 2007, 1（1）: 1 - 16.

个田野调查地点，但由于研究经费和人力限制，要实现这个目标似乎也不现实。新闻的话语实践（新闻的生产、传播和消费）已不再局限于日益分散的新闻编辑室，还涉及公民记者等第三方行动者和社交媒体平台。因此，要捕捉数字新闻生产环节中最关键的变化，可能意味着研究者要将目光投向新闻编辑室之外，追踪除记者、编辑之外的其他重要行动者（如技术开发人员、用户数据分析员和媒体营销人员）。

如果研究者无法接触到媒体内部的工作软件，如内容管理系统和某个通信应用程序，就无法推进关于数字新闻生产的民族志研究。例如，在民族志田野调查时，研究者经历过现代新闻编辑室的"静默"。在"静默"的编辑部（室）内部，编辑人员都在用内部通信和数字化工作流程工具进行沟通联络，生产场所已经转移到线上。如果不能接触到从业者正在使用的通信工具，研究就几乎是寸步难行。这种访问权限就像以往的新闻室民族志研究者获得编辑部的门禁卡一样重要。

其他移动应用以及技术物可能同样重要，比如在社交媒体上积极关注参与报道的记者和其他工作人员，或者关注哪些工具或平台对新闻生产过程发挥重要作用。然而，这样做的话，研究者所追踪、捕捉并纳入最终分析的研究数据体量可能会非常庞大，以至于后续的分析成为几乎不可能完成的任务。所以有研究者认为，数字空间中发生的事情太多，根本无法真正观察到。此外，捕捉、储存和分析来自通信应用程序、其他软件及人工制品的数据，可能涉及与收集个人数据有关的隐私问题，这些问题很难得到妥善解决。

虽然存在上述困难，但是因为数字时代的新闻生产、传播和消费活动如此复杂，变化速度如此之快，所以质化的民族志研究是必要的，质化的民族志研究对于理解数字新闻领域的发展是至关重要的。接下来，本章将讨论与此相关的另一个话题，即受众如何参与新闻消费活动并重塑新闻生产实践。

四、数字新闻环境下的受众研究

数字新闻环境中的一个关键特征是受众在传统媒体和新媒体共存的混合媒介体制中拥有极大的选择权。他们可以自由决定获取新闻的平台、渠道和时间。不仅如此，受众还可贡献选题，甚至创作内容，通过多种方式参与新闻生产。受此影响，学界试图深入理解受众如何获取、参与和理解数字新闻。研究者的这种受众转向在新闻实践中得到了体现，因为记者、编辑乃至媒体机构已经越来越在意并关注新闻内容和产品的受众覆盖率与用户参与度。

数字时代的受众研究方法已经变得愈加多样化。在问卷调查、深度访谈和焦点小组等经典研究路径的基础上，还涌现出 Q 方法和一系列测量受众与新闻接触和互动的数字化研究方法。如使用社交媒体分析工具 Crowd Tangle 分析受众如何与 Facebook（脸书）和 Instagram（照片墙）上的新闻产生互动。然而，使用这样的受众指标来分析受众行为难免失之偏颇，受众被简化为"可量化的集合体，以群体面貌出现，而非有创造力和能动性的个体"[①]。

此外，受众与新闻互动时留下的数字痕迹也可以用更多的定性方法进行分析。例如那些与数字民族志有关的方法，研究人员通过追踪线上讨论区、评论或其他用户生成的网络数据来增进对受众群体的了

---

① HEIKKILA H，AHVA L. The relevance of journalism [J]. Journalism Practice，2015，9（1）：50－64.

解。已经有学者敏锐地意识到，数字民族志研究法可以与计算研究法相结合，取长补短。总体而言，受众研究的混合方法变得越来越常见。

伴随着媒介环境越来越丰富，有研究者开始关注媒介菜单，即受众或用户经常使用的媒介的集合，是一种相对稳定的跨媒介使用模式[①]。它体现了受众或用户随着时间的推移建立的对媒介的选择性使用模式。"菜单"这一概念曾被广泛应用于各种媒介研究中。这一方法论路径的优势在于把时空关系考虑在内，认为受众或用户的选择性媒介使用模式是随着时间的推移和社会文化背景的变化而形成的，这对我们理解受众或用户的选择性媒介使用模式及其复杂动机有着重要意义。

Q方法是一种研究人类主观性感觉的方法，可以用来分析媒介菜单。这种方法的具体操作过程如下：通过采访、文献或文章中的自我参照陈述、筛选汇合形成陈述样本、对受访者样本进行Q分类操作以及对因子进行描述和阐释，以此挖掘受访者对新闻报道等特定陈述样本的主观体验。将Q方法应用于数字新闻学研究，无疑是研究者在方法论上的创新尝试。

本章内容并不拘泥于以上几种具体的研究方法，而是讨论总体的研究路径和可操作的学术贡献策略，因而更接近于方法论的讨论范畴。展望当下新闻学领域的前沿成果，笔者发现方法论层面的革新多见于中观的内容分析或用户研究，有待宏观层面的创新和开拓。此外，国外学者直言不讳地指出，虽然新闻学理论确实得到了发展，但新闻学研究中的方法论没有得到相应程度的发展。

针对这种现状，国内学者也进行了深入反思，提出数字新闻学的

---

① 王曦，杨保军. 媒介菜单：概念、源流与研究进路[J]. 传媒观察，2023（4）：23-29.

方法论创新应该从三个层面展开[①]。一是厘清研究对象之间的意义关系。数字时代的新闻学几乎无所不包，新的研究对象、研究主题层出不穷，学科边界也因此变得模糊化，呈现为一种液态扩张的样态。因此，研究者在策略层面上对此要有清醒的认知。二是明确研究范式，遵循学科基本规范，这一步非常关键。三是在研究方法层面，基于大数据等研究方法无疑是有效的研究方法创新，有助于全面、准确、实时地收集研究数据，但人口学因素或扎根研究等质化研究的重要性同样不能忽略。

---

① 彭剑，江浩. 价值、解释与操作：数字时代新闻理论的三个命题[J]. 传媒观察，2022（12）：15–24.

—— 第四章 ——

数字新闻学的核心议题

一、数据新闻①

本节从创新扩散的理论视角出发，对数据新闻在中国本土化的采纳与扩散进行了考察。研究发现，数据新闻在中国的发端与早期采纳者的创新动机有着较大关联，它作为新闻创新自身的属性以及媒体从业者对它的认知是其在中国本土化情境下被采纳和接受的重要影响因素，也是进一步扩散的基本动力。另外，数据开放环境等外部因素以及大众传播、世界性沟通传播渠道的通畅均直接影响着数据新闻在中国被采纳的相对速度，也构成数据新闻在中国媒体从业者中间扩散的重要解释变量。

（一）数据新闻：具有创新意涵的新闻实践

随着全球范围内"开放数据"运动的兴起、互联网开源软件市场的成熟和媒体在信息超载时代从"信息传播"向"知识传播"的转型

---

① 原载《现代传播（中国传媒大学学报）》2018年第8期，原题为《数据新闻的创新采纳与扩散影响因素分析》，作者为张淑玲。（有所改动）

要求①，数据新闻应运而生。作为一种以数据为材料、以数据分析为材料提炼和事实验证手段、以丰富多元的可视化形式来呈现新闻的新兴报道形态，②它最初源自欧美等国媒体的报道创新，随后逐步向包括中国在内的多个国家扩散③，成为大数据时代兴起的一种跨学科的新闻生产方式和创新的新闻形态。它的出现在一定程度上改变了传统新闻生产流程，对于新闻的认知方式和生产实践，以及新闻的价值获取都具有变革型的意义，被视为新闻业的一次新的范式转向④。

笔者认为，数据新闻创新，实际上是新闻机构和从业者在以数据为中心的创新理念支配下尝试的新型报道方式，应用新的传播平台和技术工具，探索新闻与数字技术融合发展的动态演进过程。笔者将数据新闻在中国的本土化问题纳入研究视野，将其视为中国新闻从业者应对媒介生态环境变化所采取的具有创新意涵的新闻实践，从创新扩散的理论视角出发，考察其被中国媒体从业者采纳接受过程中的潜在影响因素。

（二）创新扩散理论：创新研究的一个经典范式

回顾新闻业的发展史可以发现，随着科技的发展以及媒介环境的变化，围绕新闻创新的学术思考和讨论从未停止过。21 世纪以来，新闻与数字科技在数字化浪潮下的互动和交融成为新闻创新研究的重要

---

① 方洁，颜冬.全球视野下的"数据新闻"：理念与实践[J].国际新闻界，2013（6）：73-83.

② 李艳红.在开放与保守策略间游移："不确定性"逻辑下的新闻创新——对三家新闻组织采纳数据新闻的研究[J].新闻与传播研究，2017（9）：40-60，126-127.

③ 钱进，周俊.从出现到扩散：社会实践视角下的数据新闻[J].新闻记者，2015（2）：60-66.

④ 喻国明，王斌，李彪，等.传播学研究：大数据时代的新范式[J].新闻记者，2013（6）：22-27.

主题①。从早期的"技术中心论"到后来的"技术与社会因素互动"②观点，学者们有的从微观的新闻编辑室视角考察日常新闻生产实践中的创新，也有的采取中观路径考察新闻组织作为中介因素如何采纳创新。

早在20世纪60年代，美国学者罗杰斯在其著作《创新的扩散》一书中就提出，任何被个人或其他社会单位认为是新奇的思想观念、实践活动或客体对象均可被视为创新。创新的扩散必须具备四个先决条件：创新的存在、传播途径、时间和社会系统。它实际上是"新观念在一定时间内、经由特定的传播途径，在社会系统成员之间传播的过程"③。在这里，扩散不是局限于某种具体形态的创新，而是一个动态的传播过程。个人对创新做出取舍决定并不是一瞬间的行为，而是在一段时间内发生的一系列行为。这一过程包含了一系列积极的信息收集和信息处理的行为，以应对创新所带来的不确定性。

尽管也有批判的声音传出，但该理论为研究创新在社会系统中的传播扩散过程提供了一个经典理论框架和分析范式。后来的学者在罗杰斯的研究基础上对该理论进行了扩展和延伸，发现创新本身的不足并不是导致创新潜能无法充分释放的全部原因。作为一项创新，社会、政治、经济以及文化传统等外部刺激因素在其采纳和扩散过程中起着或加速或延缓④的作用。

---

① GYNNILD A. Journalism innovation leads to innovation journalism: the impact of computational exploration on changing mindsets[J]. Journalism, 2013, 15（6）: 713-730.

② DOMINGO D. Interactivity in the daily routines of online newsroom: dealing with an uncomfortable myth [J]. Journal of Computer-Mediated Communication, 2008, 13（3）: 680-704.

③ ROGERS E M. Diffusion of innovation[M]. New York: The Free Press, 1962.

④ 罗杰斯. 创新的扩散[M]. 唐兴通，郑常青，张延臣，译. 北京：电子工业出版社，2016.

（三）研究问题与研究方法

已有研究表明，中国的数据新闻创新实践发端于基层新闻从业者的创新冲动，而后被所在的新闻组织接受和采纳，走的是一条"自下而上"[①]的变革路径。本章在将国内媒体的数据新闻实践视为一种新闻创新的基础上，将数据新闻从业者视为创新的主体力量，从微观的实践主体视角出发，试图理解他们作为创新主体的行为逻辑，以及他们在决定是否将数据驱动的新闻报道样式应用于实践时的考量因素有哪些。进一步分析数据新闻在中国本土化扩散进程中的潜在影响因素。

实际上，国内媒体从业者对数据新闻的采纳和接受呈现出时间上的先后顺序，体现出不同程度的创新性。对我国数据新闻本土化实践的历时性考察可以发现，2012年网易新闻"数读"栏目的诞生应算作数据新闻创新实验的起点，之后才有各家媒体纷纷跟进，截至2017年年底已有20多家媒体组建了正式的数据新闻生产团队[②]。在数据新闻进入中国后两年多的时间里，反应灵敏的媒体机构着手这方面的布局和尝试，把它作为一种创新实验率先引入各自的新闻编辑室。

罗杰斯按照创新性（个人或其他创新采纳单位，较其他成员相对优先接受创新的程度）的标准，将创新采纳者分为创新先驱、早期采

---

① 李艳红. 在开放与保守策略间游移："不确定性"逻辑下的新闻创新——对三家新闻组织采纳数据新闻的研究[J]. 新闻与传播研究，2017（9）：40-60，126-127.

② 徐笛，马文娟. 中国内地数据新闻从业者调查：基本构成、所需技能与价值认知[J]. 新闻记者，2017（9）：22-33.

纳者、早期大众、后期大众和落后者五大类别[①]。这里的创新性是相对而言的，也是一个连续性的变数。笔者认为，如果以个体接受创新的时间为标准对采纳者加以分类的话，在数据新闻进入中国的最初两年里即尝试这项创新实验的从业者基本可以被视为中国数据新闻的早期采纳者。由于创新性是一个连续的变量，创新采纳者五大类别之间并没有明显的断层和差异，因此，为研究方便，笔者将创新先驱和早期采纳者这两个相邻类别合并为一类。针对这一群体的回顾性访问，有助于发现相似的创新性特征。

由于中国的数据新闻从业者在新闻从业者整体中所占规模较小[②]，所涉及的范围较窄，因此笔者采取小总体大样本的策略，聚焦北京、上海、广州三地设有固定数据新闻生产栏目的11家媒体机构[③]。采用立意抽样和"滚雪球"抽样相结合的方法对2012年到2015年投身数据新闻实践的14位从业者进行了深度访谈。访谈形式有面对面访谈或微信访谈两种，时间跨度为2017年4月至9月。

从受访者构成看，其中既有数据记者、编辑等采编团队成员，也有产品经理、项目经理等管理群体以及技术人员的代表。此外，受访者各自所在的媒体机构不仅涵盖了中国传统纸质媒体和杂志，也包括互联网门户网站以及新媒体平台（见表4.1）。另外，访谈者在行业刊物上发表的文章、微信群交流中对所在媒体设置数据新闻栏目、生产数据新闻作品、组建数据新闻团队的公开分享、接受的媒体访谈也构成

---

① 罗杰斯. 创新的扩散[M]. 唐兴通，郑常青，张延臣，译. 北京：电子工业出版社，2016.

② 徐笛，马文娟. 中国内地数据新闻从业者调查：基本构成、所需技能与价值认知[J]. 新闻记者，2017（9）：22–33.

③ 王琼，刘真真，田青，等. 2015中国数据新闻发展报告[J]. 中国媒体发展研究报告，2015：101–148，379.

表4.1　　　　　　　　　　　受访者有关情况统计

受访者	所在媒体	所在栏目/团队	栏目/团队成立时间	所在媒体类型
DJ1	网易新闻	数读	2012年	门户网站
DJ2	新浪新闻	图解天下	2012年	
DJ3	腾讯新闻	新闻百科	2012年	
DJ4 GD1	新华网	数据新闻	2012年	传统媒体
PM1	财新	数据可视化实验室	2013年	
DE1	人民网	图解新闻	2013年	
DE2	新京报	图个明白	2013年	
PM2 DJ5	中央电视台	百度地图迁徙大数据："数"说系列	2014年	
DE3	南风窗	一图观政	2013年	
DJ6	澎湃	美数课	2014年	新媒体
PM3 DJ7	第一财经	城市新一线 DT财经	2013年	

注：由于受访者提出匿名要求，因此本章按照工作职位将受访者进行了编码处理。DJ=数据记者，DE=数据编辑，PM=产品经理，GD=平面设计师。

本章的文献基础。

（四）研究发现

早期采纳者群体的回顾性访谈发现，早期采纳者的创新动机、对数据新闻创新的认知、沟通传播渠道、数据开放程度等均直接影响数据新闻在中国被采纳和接受的相对速度，是创新采纳率的重要解释变量。

1.早期采纳者的创新动机

早期采纳者群体是数据新闻这项新闻创新得以在中国本土化情境下扩散的源头。从访谈对象的基本构成来看，受访者中约有80%年龄在30岁以下，整体呈现年轻化的特征。受访者均有大学本科及以上学历，其中拥有研究生学历的有11人（79%），有新闻传播学科背景的从业者为9人（64%），有理工学科背景的为2人（14%），有海外教育背景的为6人（43%）。这显示数据新闻的早期采纳者普遍受教育程度高，年轻化趋势较为明显。

在回答"进入数据新闻领域的原因"这一问题时，63%的受访者提到了"个人兴趣"这一因素，包括受自身的学科背景影响而具有一定的量化研究的基础和兴趣，对信息图设计感到非常喜欢，认为做深度报道的话数据是一个很好的切入点，这个过程中学过的编程和数理统计知识可以派得上用场。

此外，行业未来发展的大方向也是受访者看好数据新闻并愿意大胆尝试的重要原因。有38%的受访者谈到数据新闻的发展前景促使他们相对早地接受这种新闻创新形态，认为它在新闻中算是比较高级别的种类，比较有深度。在未来，移动设备，甚至VR（虚拟现实）、AR（增强现实）、大屏是讲故事的平台和方向，而数据新闻中的可视化呈现正符合这一趋势。如果发展前景好，单位也会投入资源、鼓励你去做。与此同时，受访者也谈到了传媒行业整体的低迷环境促使他们向国外同行取经。他们会经常看《纽约时报》《华盛顿邮报》的最新作品，对于国内外数据新闻的前沿动态通常有着较为敏锐的感知。有3位受访者长期活跃在各大数据新闻在线交流平台，也经常获邀参加相关的工作坊培训和行业论坛，拥有广泛的人际关系网络，作为意见领袖在数据新闻这项创新的扩散过程中发挥着示范性指导引领作用。

　　由此推知，数据新闻在中国的萌芽和推广与采纳者自身的特性有着较大关联。虽然年龄与创新性之间未必存在一致的对应关系，但数据新闻早期采纳者均接受过高层次的正规教育，拥有一定的技术知识，具有更强的向上的社会流动性，眼光普遍比较开阔，对创新新闻报道方式和新闻样态有着浓厚的兴趣。他们在各自的新闻实践中意识到应对当前新闻业面临的危机、满足用户需求的必要性，因此能够积极从外界获取并引入创新思想。

2. 对数据新闻创新的认知

　　经受访者确认，数据新闻的五项创新属性以及媒体从业者对它们的认知与其在中国情境下的采纳和扩散有着密切关系。

　　（1）相对优势。它是指创新在多大程度上优于现存实践中的方案或做法。它意味着个人接受某项创新所需支付的成本以及从中可以获得的收益。之所以是相对的，是因为这种优势本质上与采纳者认为它有多大优势有关。人们认为它的优势越大，它扩散得越快，因而与创新的采用率成正比[①]。

　　在访谈中，超过半数的受访者（65%）均提及数据新闻作为一项增值性创新而表现出的相对优势。它的出现为以往以文字为主的新闻报道和新闻样态注入了新鲜血液，尤其在新闻价值的挖掘和呈现上实现了增值效应。受访者认为，数据新闻有助于消解传统意义上新闻时效性与新闻价值深度挖掘的张力，使得更多具有新闻价值的事件被及时、深入地挖掘。数据新闻作品以丰富的交互式、可视化方式呈现，增强了新闻的说服力和趣味性，在受众层面具备较高的可信度和接受度，

---

　　① 罗杰斯. 创新的扩散[M]. 唐兴通，郑常青，张延臣，译. 北京：电子工业出版社，2016.

让更多受众接受并喜欢阅读。

受访者还认为，这种数据驱动的新型报道方式节省了新闻工作者以往花费在新闻素材收集和信息处理环节上的大量时间和精力，而且在一定程度上摆脱了传统新闻编辑室内部层级式的新闻审核流程，表现出更加灵活、高效的优势。此外，通过数据新闻的创新实践所获得的社会认同感也为早期采纳者带来预期的收益。这种认同不仅体现在个人评价层面，也反映到了其所在的媒体机构、生产团队的社会影响力层面（如团队入围全球数据新闻奖是一件振奋人心的事）。

与此相对的是，21%的受访者在访谈中表达了对数据新闻无法在短期内带来经济回报的困惑乃至担忧。数据新闻的生产制作需要较高的初始成本投入，包括人力成本和时间成本。高质量的数据新闻作品制作周期至少需要一个月，需要考虑的流程和工序更多，而且通常需要包括记者、编辑、设计师、工程师在内的团队合作。但短期内实现比较高的商业回报不太现实。看不到明确的回报或者说回报的不及时性导致数据新闻的价值无法通过市场变现，由此催生的高度不确定性成为媒体人转型以及媒体机构创新决策的制约因素。因此，成本回报的及时性部分解释了当前数据新闻在中国新闻编辑室的采用率仍比较低的现实，也成为其进一步扩散的瓶颈。

在中国新闻编辑室语境下，一方面，从业者所在的媒体机构通过考核评定等机制给个人提供激励或施加压力，督促他们加快认识到创新的相对优势。另一方面，创新扩散的过程也是不确定性逐渐减少的过程。当逐渐增多的中国媒体从业者做出尝试数据新闻这项创新的决策后，他们就会努力去搜寻有关该创新相对优势的信息，以便对该创新更有把握。

（2）兼容性。它是指一项创新和目前的价值体系、过往经验以及潜在采用者需求的一致程度。兼容性越高，对潜在采用者来说不确定性越低，同时也更切合其需求目标。创新不但要和根深蒂固的传统文化观念兼容，也要和已经被接受的观念兼容。能不能和现行的观念兼容，关系着创新被接受的快慢。

其一，数据新闻与早期采纳者的个人需求兼容。如前所述，数据新闻这项创新尝试是传统媒体转型很好的抓手，满足了媒体从业者积极应对数字化浪潮、求新求变的内在需求，可以为他们赢得社会认同以及向上流动的发展机遇，因而这项创新会很快被采纳和接受。

其二，过去的经验提供了解析创新的重要依据，从而减少了不确定性风险。在与早期采纳者的深入交流中发现，数据新闻对他们而言并非完全陌生的创新尝试，从计算机辅助报道、精确新闻等专业传统中均可找到历史渊源。在国内媒体人的眼中，它和融合新闻业务的发展也有重叠之处。如有的受访者认为，比较有影响力的数据新闻就是融媒体的一种形式，数据新闻可以是融媒体报道。从这个层面上来看，从数据中挖掘新闻点，并利用数据来讲述新闻故事与从业者已经接受的新闻生产理念、已有的知识体系并不冲突。

其三，数据新闻作为一种舶来品，在我国缺乏深厚的历史积淀，并带有向英美媒体等全球新闻界风向标取经的明显印痕。而中西方国情和新闻传统存在诸多差异，能否让数据新闻的创新尝试与中国本土化的现实语境彼此适配和兼容，早期采纳者看法不一。对此较为乐观的看法是不会有永远克服不了的困难，中国数据新闻会发展得越来越快。而有的受访者则坦诚，数据新闻在中国的受众群体较为单一，国内几大数据新闻机构在微信公众号上的阅读量多来自相关专业学生和数据行业从业者。它可能只能满足一小部分的需求，只适合于小众阅读，不适合于所有人，绝大部分受众对数据新闻不是那么"感冒"。未来，数据新闻将逐步消除繁荣的泡沫，迎来"理性回归"。

其四，如何化解数据与新闻之间的张力，将数据思维内化到新闻实务操作中也是一项艰巨的挑战，两者之间可能存在不兼容的问题。追求全样本效应但价值含量低的大数据与追求个性化、深度解释力的新闻价值特质并不相符，因而仅靠数据很难挖掘事实背后的意义。

其五，媒体从业者能否适应引入数据新闻后的编辑室文化以及媒体转型下的新闻职业文化嬗变，也是这项创新能否被采纳者接受的潜在影响因素。身处变化中心的媒体从业者对此感受颇深。随着技术团队成员的加入，知识背景不同、具有不同工作逻辑和习惯的异质化群体能否实现有效沟通和协作也为创新的扩散树起了一道屏障。

（3）复杂性。它是指理解和使用某项创新的相对难度。一般观点是，某项创新的复杂性与它被接受的比例呈反比，是创新被采纳和接受的重大障碍。本次访谈结果也验证了这一观点：如果数据新闻作为一项创新的专业技术门槛过高，则会造成扩散壁垒而不利于扩散。

在数据新闻生产的整个链条中，数据爬取、数据清洗、数据挖掘分析与可视化呈现均大大提升了新闻生产的难度与复杂性，对媒体从业者提出了更高的专业技能要求。虽然各种相关的工具可以从市面上获得，但这些工具中的绝大多数原本是为各自领域的专业用户设计的，并非为中国的数据新闻从业者量身定做的。对于以新闻传播学专业背景为主的数据新闻从业者而言，要理解这些工具的操作逻辑并熟练使用并非易事。从业者在自我学习或接受技能培训时都要经历一段痛苦的挫败期，学习曲线非常陡峭，需要花费一两年时间才能进入这个领域。有的受访者就表达了知识和技能更新带来的压力感："现在的工具平台变化太大了。你今天研究了这个工具，明天又出来一个新工具。"

（4）可试性。它是指创新可以在有限的基础上被试验的程度。通常，那些可以做阶段性试验的创新，比那些不能进行试验的创新，会更快地被人们接受。因此，一项创新的可试性与它的采用率成正比。

访谈发现，有57%的受访者认为，在数据新闻作品的具体生产实践中可能没有先例可循。如果所在媒体或团队能够对他们参加工作坊等培训活动给予更多实质性的鼓励和支持，或者多给一些试错的机会，让他们以个人的方式来诠释创新，以检验它是否符合自己的需求，那么数据新闻被采纳的可能性将会大大提高。这样可以增加创新的相对优势，也可作为行动的暗示，即在某一个时间点，使更多媒体从业者对数据新闻创新的赞同态度转化为明显的行为改变，从而引发接受创新行为。

（5）可见性。它是指创新成果能被其他人观察到的程度。某些创新的成果显而易见，并能被很容易地传播出去，而有些创新则很难被人觉察或很难向其他人描述。因此，一项创新的可见性与它的采用率成正比。

研究发现，受访者普遍认可数据新闻作品的传播力。其中既有数据新闻呈现形式新颖、视觉冲击力强的原因，也得益于其覆盖报纸、电视、网络媒体以及移动端等多个平台的渠道优势。数据新闻制作完成后，媒体为了增加阅读量和转发率、促进品牌发展而想方设法增加推送和产品曝光率。有受访者反映，可视化新闻比文字新闻的传播量要多20%左右。此外，数据新闻经典作品的问世乃至获得业内专业奖项均可提升所在媒体和生产团队的影响力，也会对这项创新的采纳决策起到正向强化作用。如财新数据可视化实验室曾多次斩获国内外数据新闻奖项，由此树立了在国内媒体数据新闻创新实践中的标杆地位。

3. 沟通传播渠道

通常认为，一项社会创新的采纳过程通常经历四个阶段：在认知阶段对某项创新有初步的认识；在说服阶段对这一创新形成一种态度；在决策阶段决定是接受还是拒绝；在确认阶段确认和强化这一决策。而不同的传播渠道在创新决策中扮演着不同的角色。传播渠道可以分为人际传播渠道与大众媒体传播渠道，以及本地性传播渠道与世界性传播渠道[①]。这些渠道在让潜在采纳者认知创新、说服个人改变对创新的态度方面，发挥的作用也截然不同。

本次访谈结果显示，大众媒体传播渠道和世界性传播渠道是中国早期采纳者认知、说服自己或其他同行尝试并采纳数据新闻的两个主要渠道。受访者中约有52%的人最早通过大众媒体传播渠道了解了国外数据新闻领域的最新进展。主要通过报纸报道、电视节目以及互联网等途径获取了英国《卫报》、美国《纽约时报》等国外新闻媒体早期探索的信息，并由此萌生了在自己所在的媒体或团队进行创新性试验的想法。另外有29%的受访者提到了到国外开会、访学交流等进入这个领域的契机。例如，据一位早期从业者回顾，2013年下半年他在中山大学参加会议的时候碰巧看到MIT媒体实验室的人过来演示数据可视化，就此产生了成立数据可视化实验室的念头。

基于以上发现，笔者认为，对中国数据新闻的早期采纳者来说，世界性传播渠道比本地性传播渠道更重要。在数据新闻这一新兴的新

---

① 罗杰斯. 创新的扩散[M]. 唐兴通，郑常青，张延臣，译. 北京：电子工业出版社，2016.

闻样态从西方扩散至中国的过程中，最早的一批采纳者大多是通过世界性传播渠道来认识创新，并进而做出采纳决策的。这些最早接受数据新闻的从业者在经历了试探性的尝试后，凭借其广泛的人际沟通渠道，将其在实践中积累的经验和感受传播开来，为潜在的数据新闻采纳者提供认知和进一步评估创新的重要依据。

4.外部因素

作为一项创新，外部的社会体系等因素会对创新的采纳和扩散起到加速或延缓的作用。访谈结果显示，数据开放程度低是数据新闻从业者在这项创新实践过程中遭遇的最大掣肘和难题。

有3/4的访谈对象均反映，开放数据获取难是数据新闻实践中面临的最大障碍。目前我国数据新闻采编所用数据主要来自三个渠道：一是社交媒体等网络媒体，二是政府部门、企业组织、科研机构等组织或部门，三是媒体自行调查获取的自有数据。其中，通过前两种途径获取的公开数据是数据新闻生产的前提条件。虽然已经有越来越多的国家和政府加入了信息公开的队伍，但我国的数据开放程度仍无法满足数据新闻发展的要求。

其中不仅有我国信息公开仅十余年、数据开放环境先天不足的历史原因，也受中国本土化情境下的现实短板制约。一方面，数据保护、数据安全的意识近年来在我国普遍得到认可和加强。另一方面，很多重要的数据掌握在运营商、服务商以及权威机构手中①，出于保护个人隐私或商业利益等各种考虑，这些机构有时并不愿意与媒体共享数据，因而存在数据垄断的情况。

---

① 郝雨，任占文.我国数据新闻的传统因素及创新策略：关于中国国情下数据新闻普及发展的几个关键性问题[J].新闻界，2016（12）：40-46.

（五）结语

本节以深度访谈的形式从早期采纳者的创新动机、对数据新闻创新的认知、沟通传播渠道以及数据开放程度四个维度，对数据新闻在中国本土化的采纳、扩散过程进行了考察。研究发现，数据新闻在中国的发端与早期采纳者的创新动机有着较大关联，而它作为一项新闻创新自身的属性以及媒体从业者对它的认知是其在中国本土化情境下被采纳和接受的重要影响因素，也是进一步扩散的基本动力。

由此可见，数据新闻只有发挥其作为增值性创新而表现出的相对优势、满足中国媒体从业者在大数据时代求新求变的需求，并与中国的本土化语境逐步适配和兼容，表现出一定的可试验性和可观察性，才能被中国媒体人采纳和接受，并实现大规模扩散。此外，数据新闻的生产流程应该形成较为统一的行业标准和专业规范，并尽量使其中涉及的技术工具不要太过复杂和难以操作，否则会增大扩散的壁垒。另外，数据开放程度等外部因素以及沟通传播渠道均直接影响数据新闻在中国被采纳和扩散的相对速度，也构成数据新闻在本土化情境下扩散的重要解释变量。

诚然，上述因素对数据新闻本土化采纳和扩散速度的具体影响仍需得到更多的实证检验。本研究在认同创新扩散理论的强大解释力的同时，也为进一步考察数据新闻在中国本土化的创新决策模型和扩散过程提供了有力的理论框架和参考变量。客观地说，数据新闻作为中国新闻从业者追随西方同行脚步而进行的一项新闻创新，目前仍处于其发展的初级阶段。它被中国媒体从业者采纳和扩散的过程是一个曲折的试错过程，不仅取决于数据新闻创新本身的属性，更需要社会的、政治的或经济上的刺激因素。从这个意义上来说，本章的研究发现也为已有研究关于数据新闻本身也是"新闻场域"的一部分，依然要受到决定"场域"的经济和文化资本左右[①]的观点提供了佐证。

二、算法新闻[②]

随着算法在新闻生产各环节的深度介入，如何制衡并规范算法权力（algorithmic power），是一个值得深思的问题。本节着眼于算法权力跃升与算法黑箱的不透明性之间的张力，在回顾算法与新闻业的渊源及其运行原理的基础上，梳理与新闻相关的算法黑箱三种具体表现形态及其形成的现实原因，提出以算法透明对算法权力加以规制的必要性，并进一步探讨智能化媒体时代破解算法黑箱、提高算法透明性的可能进路。笔者认为，现阶段可结合内生性的生产逻辑和外生性的监管逻辑，分别从生产主体、法律体系和社会监督等路径入手构建算法透明实现机制。

（一）新闻业的算法转向

在人工智能与新闻业深度交融的智能化媒体时代，算法权力的跃升与扩张已引起业界和学界热议。原属专业记者和编辑的诸多职权，如新闻线索发掘、内容生产、评论引导乃至编辑发布等，已越来越多地让渡给算法。凭借技术层面的不断优化，算法的应用场景和权力范围也在不断扩张。通过自动挖掘、收集和分析来自互联网和传感器的

---

① 李煜. 数据新闻：现实逻辑与"场域"本质[J]. 现代传播（中国传媒大学学报），2015（11）：47–52.

② 原载《中国出版》2018年第7期，原题为《破解黑箱：智媒时代的算法权力规则与透明实现机制》，作者为张淑玲。（有改动）

海量数据，算法动态掌握着人类社会的运转情况，逐渐演变为形塑社会和文化形态的强力规范。

与此同时，由于技术本身的复杂性以及媒体机构、技术公司的排他性商业政策，算法犹如一个未知的黑箱——用户并不清楚算法的目标和意图，也无从获悉算法设计者、实际控制者以及机器生成内容的责任归属等信息，更谈不上对其进行评判和监督[①]。那么，如何厘清与新闻实践及研究相关的算法技术及其运行原理呢？算法黑箱的具体表现形态和应用场景有哪些？对于黑箱化的算法权力应当如何加以制衡和规范？这些都是算法时代值得警醒和亟待解答的重要问题。本节试就这些问题展开探讨。

计算机和算法介入新闻领域的过程是一个动态演进的历史过程。实际上，算法的出现远早于计算机和其他电子计算设备的出现，其源头可以追溯到我国古代的《周髀算经》以及中世纪波斯数学家阿勒·霍瓦里松的著作《代数对话录》。而20世纪科幻作品中描绘的机器人曾被视为工业社会自动化的产物和算法的前身。

在媒介研究领域，1998年，两位韩国学者提出了新闻机器人的概念，建议搭建以用户注册时提供的阅读偏好为参照、由算法进行新闻内容采集和分发的应需服务平台。自那以来，围绕新闻机器人代替专业记者从事常规新闻生产及其潜在影响的讨论一直没有停止。从20世纪六七十年代勃兴的计算机辅助报道、精确新闻，到大数据时代的数据新闻乃至自动化新闻，新闻业逐渐发展到以数据为驱动、以算法为引擎的算法时代。

作为人工智能的基本构成要素，算法与数学和计算机科学领域均

---

① 叶韦明.机器人新闻：变革历程与社会影响[J].中国出版，2016（10）：16–20.

有着密切的关联。严格地说，算法是包含一系列复杂的数学规则、能通过预先设定的步骤解决特定问题的计算机程序。[①]它的设计逻辑是将人类解决问题的过程分解为若干步骤（见图4.1），再通过程序设计，将这一过程模拟化或公式化，借助系统化的计算机程序来求解更复杂的问题。

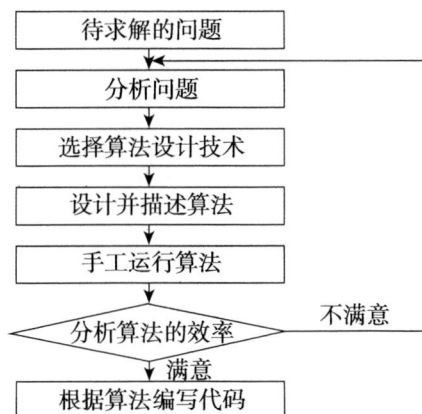

图4.1 算法设计的一般过程[②]

　　目前与新闻业实践结合最多的算法技术主要应用于自动化新闻生产和算法推荐领域。按照卡尔森的定义，自动化新闻生产是将数据转化为新闻叙事文本的算法过程，其中涉及的人力干预仅限于最初的编程活动[③]。而算法推荐是以定制化信息服务为出发点，使用特殊的推荐引擎系统，借由机器算法推选出用户感兴趣的内容，并将其推送至用户端。从本质上来说，算法在整个新闻生产和分发链条上起着信息匹

① 邓建国. 机器人新闻：原理、风险和影响[J]. 新闻记者，2016（9）：10-17.

② 王红梅，胡明. 算法设计与分析 [M].2 版.北京：清华大学出版社，2013.

③ CARLSON M. The robotic reporter：automated journalism and the redefinition of labor，compositional forms，and journalistic authority[J]. Digital Journalism，2015，3（3）：416–431.

配中介的作用，它将计算机程序设计中连接输入数据和输出数据的两端贯穿起来，通过把关、映射、修辞、决策等功能应用于新闻选题、内容生产、新闻游戏、新闻推送和决策服务等场景（见图4.2）。[①] 凭借垂直领域开放平台的接口或平台授权，算法在庞大的数据支持下精确迅捷地抓取、生成、发布和推送资讯，最终实现对新闻内容生产环节和分发环节的再造与变革。

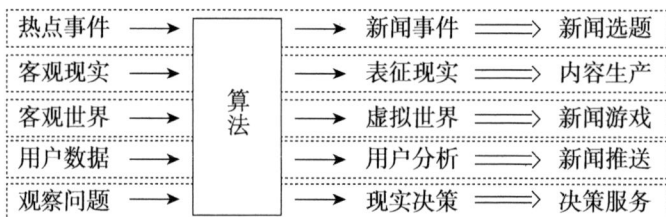

热点事件 →		→ 新闻事件 ⟹ 新闻选题
客观现实 →	算	→ 表征现实 ⟹ 内容生产
客观世界 →	法	→ 虚拟世界 ⟹ 新闻游戏
用户数据 →		→ 用户分析 ⟹ 新闻推送
观察问题 →		→ 现实决策 ⟹ 决策服务

图4.2　算法在新闻业的应用场景

（二）算法权力介入新闻生产——未知的黑箱

在新闻生产的具体语境下，算法是如何形成并影响知识生产和公共舆论的？算法如何利用互联网的海量数据代替人类记者和编辑行使信息传播把关人的职能？对于专业人士以外的大多数用户而言，这个过程如同一个黑箱，既难以理解又无从评判和监督。

1. 算法权力的黑箱和隐蔽性

黑箱是控制论中的概念。作为一种隐喻，它指的是为人所不知的那些既不能打开、又不能从外部直接观察其内部状态的系统。[②] 而技术黑箱特指人工制造品，作为知识已经被部分人知道，但另一部分人不

---

① 张超. 作为中介的算法：新闻生产中的算法偏见与应对[J]. 中国出版，2018（1）：29-33.

② 陶迎春. 技术中的知识问题：技术黑箱[J]. 科协论坛，2008（7）：54-55.

一定知道。在新闻生产的整个链条中，算法权力得以充分施展的是自动化决策环节，分别体现在算法自动生成新闻内容、智能推荐新闻产品、借助模拟程序或预测模型讲述新闻故事三个层面[①]。由算法自动生成的新闻稿件是人工制造品，而算法程序和工作原理作为知识，被集成于某种框架之中，对开发者、设计者而言是已知的知识，对受众或用户则构成了一个技术黑箱。

（1）算法权力的技术黑箱。按照功能划分，算法有优先级排序算法、分类算法、关联度算法和滤波算法等多种类型。自动化决策往往不是单一的某个算法可以完成的，有时可能需要多种算法的叠加。其中涉及基于大体量数据的复杂运算程序和机器学习技术，即便是专业的新闻记者和编辑，也未必能够参透算法的内部运作机理。

美国学者迪亚克普拉斯研究了算法黑箱的两种常见情形[②]。第一种情形对应监督式机器学习技术，属于算法黑箱初级形态，多见于结构化数据丰富的财经和体育新闻报道领域，也是目前国内运用比较多的算法形式。如图4.3（A）所示，这一过程有固定的模板，输入侧和输出侧都是已知信息。算法自动按照给定的规则填充公式化的表达，生成新闻稿件。这里算法本身是黑箱，用户基于公开的应用程序编程接口（API）可以观察到输入和输出两侧的情况。第二种情形属于算法黑箱的中间形态，常见于新闻众包模式。如图4.3（B）所示，算法输入侧即新闻线索挖掘、数据收集等环节具有不透明性，对用户而言是未知的，但符合某种统计学规律，只有输出侧是已知的。

笔者认为，在上述两种情形之外，还存在对应无监督式机器学习

①② DIAKOPOULOS N. Algorithmic accountability: journalistic investigation of computational power structures[J]. Digital Journalism, 2015, 3（3）: 398–415.

的第三种情形，也即算法黑箱的进阶形态。如图4.3（C）所示，无需固定的输入输出模板，算法在没有任何人为干预的条件下，凭借自主学习能力自动地从数据中抽取知识。这里输入和输出两侧组成了一个闭环的黑箱，无论是新闻线索挖掘、文本生成，还是后续的编辑审稿和新闻签发等诸多流程均是不透明的。

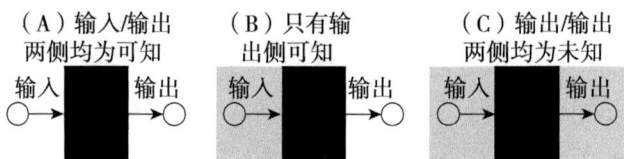

（A）输入/输出　　（B）只有输　　　（C）输出/输出
两侧均为可知　　　出侧可知　　　两侧均为未知
输入　　输出　　输入　　输出　　输入　　输出

图4.3　　新闻生产中的三种算法黑箱情形

（2）算法中隐含的偏见和利益取向。计算机系统隐含的偏见和利益取向多年前就已引起广泛关注。多项研究均显示，软件产品具有隐蔽性的特征，特定的权力结构、价值观和意识形态已经事先被嵌入其中。在软件的遮蔽下，有限性、许可、特权和障碍[①]等限制不易被人察觉。

具体到算法设计过程来看，基础数据和推理假设是必不可少的两个因素。而这二者都有可能隐含设计者的偏见、价值观和意识形态取向。特别是社会化媒体搜索引擎的信息过滤和个性化推送环节，设计者和技术人员不仅影响算法的设计流程，而且在算法运行时仍可介入过滤程序，其中既可能带有算法设计者的主观偏见，也可能存在输入数据的可靠性以及由算法局限造成的歧视效应。[②]相应的后果是算法自动生成的新闻作品可能与设计初衷背道而驰，甚至包含不准确或虚假

---

① MAGER A. Algorithmic ideology: how capitalist society shapes search engines [J]. Information, Communication & Society, 2012, 5（15）: 769-787.

② BOZDAG E. Bias in algorithmic filtering and personalization [J]. Ethics and Information Technology, 2013, 15（3）: 209-227.

信息。这不仅有悖于客观、公正的新闻报道准则，也会直接影响公共议程设置和舆论意见的形成。此外，算法智能推送所形成的"信息茧房"以及社会主体的身份被算法精准识别后可能遭遇的商业性歧视等，也是不容忽略的系统性风险。

从介入新闻生产的多元利益主体来看，由于不具备独立研发智能算法的技术能力和人才资源，多数媒体只能寻求与技术公司合作，以业务外包、网络协作的方式完成基于算法的新闻生产。在技术公司、互联网公司乃至金融资本的夹击下，专业媒体不仅面临新闻内容分发渠道被挤占的困窘，也逐渐陷入被前者的利益取向操控的被动境地。

2.算法黑箱存在的现实原因

从掌握算法的媒体机构和技术公司的立场考虑，一方面，由于算法披露的成本投入和现实收益不成比例，这些机构或公司在商业化运营的压力下缺乏足够的信息披露动力。另一方面，如果披露的信息中存在匿名方式不当的情况，新闻机构可能面临被控侵犯隐私的法律风险，而公开承认报道内容中存在错误或不确定性因素也有可能招致诉讼纠纷。此外，他们的顾虑还体现在：如果将专有算法程序公之于众，有可能侵害自身的技术竞争优势，陷入被第三方介入操纵的被动局面[①]。

从用户的层面来说，算法信息的大量披露可能导致信息过载。由于不同用户群体存在差异化的信息需求，除专业人士之外的大多数用户可能难以理解这些计算公式或对之不感兴趣。因此，如果新闻机构

---

① DIAKOPOULOS N, KOLISKA M. Algorithmic transparency in the news media [J]. Digital Journalism, 2017（7）: 809-828.

不了解用户对算法透明的真实需求状况，披露的算法信息超出了他们所能接受、处理和有效利用的范围，使其难以找到有价值的高关联度信息，就可能对用户界面造成干扰，造成信息重荷，进而影响用户的感官和认知体验。

（三）算法透明——算法权力规制的可能进路

与算法的权力边界不断扩张相对的是，算法的某些负面影响和潜在问题被黑箱掩盖和遮蔽，业已引发了业界和学界共同的焦灼和思考。既然算法黑箱的核心问题在于信息不对称和不公开，就现阶段而言，要对无处不在但又不透明的算法权力加以有效规制，需要迈出的第一步就是破解算法黑箱、推进算法透明。

首先，算法透明已具备一定的现实可能性和外部环境条件。随着传播技术的加速迭代，互联网和数字媒介的遍在化大大降低了数据存储、收集、分析的成本，使得任何有网络连接的组织和个人均有可能借助数字技术对政府和机构行使监督和问责职能。而开源文化、开放数据运动在全球多个国家的扩散也为推进算法透明营造了一个开放的外部社会语境。

其次，对人工智能技术范式驱动下的新闻业而言，算法透明既可对新闻客观性准则给予全新诠释，也能凸显专业新闻机构在内容生产方面的优势和权威性。在数字媒体时代，受众变身为数字媒体的信息消费者和数字产业链的终端用户。各种超链接、消息源和数据来源的公开披露以及社交媒体上用户产生的海量评论，使得新闻产品的数据驱动和交互特性越来越受到重视，提高透明性实际上是鼓励用户充分参与新闻生产过程。

最后，社交媒体大行其道的背景下传统新闻媒体的公信力不断下降、专业权威受到挑战也是一个不容回避的现实问题。推行透明的算法披露机制，不仅有助于专业人士发掘算法真相，也可以为受众（用户）提供了解真实的新闻生产过程的机会，因此具有完善新闻生产问责机制和强化专业媒体权威性的双重意义。

需要明确的一点是，推进算法透明与规制算法权力是一体两面的关系。鉴于很多算法属于涉及商业利益的专有算法，受知识产权保护，因此现实中的算法透明只能是有限度的透明。而且，算法透明也不必然代表算法权力"被关进了笼子"，但它是针对算法黑箱问题而提出的、制衡并规范算法权力的应对之策。

（四）算法透明机制的设计与实现

算法的哪些内容应该向用户充分披露？如何在算法透明性和商业利益之间寻找一个恰当的平衡点？从一般意义上来说，透明意味着获悉真相和人类行为动机的手段与方法。按照新闻透明性的要求，无论是否属于新闻从业人员，只要对新闻作品及其产制流程感兴趣，均享有监督、核查、评判甚至参与到新闻采集、生产以及分发过程的机会，用户借此可以更多地了解新闻生产过程及其背后的设计逻辑[1]。

结合前文对算法运行过程中的黑箱问题和算法透明现实阻力的分析，本节认为，可以结合内生性的生产逻辑和外生性的监管逻辑，按照生产主体、法律体系和社会监督三个思路构建算法透明实现机制，如图4.4所示。

---

① DIAKOPOULOS N, KOLISKA M. Algorithmic transparency in the news media [J]. Digital Journalism, 2017（7）: 809–828.

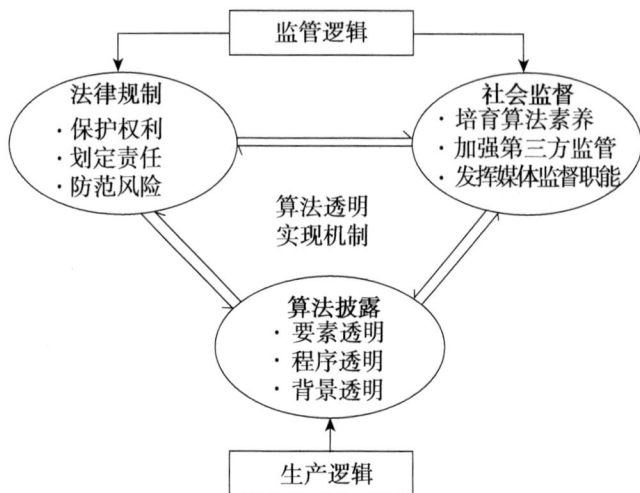

图4.4　算法透明实现机制的设计思路

第一，从生产主体的角度来看，专业媒体机构、技术公司以及新闻聚合网站可以本着算法要素透明、程序透明和背景透明的三条原则构建算法披露机制，提升算法透明度。

（1）算法要素透明。数据是算法运行的前提条件和基本要素。在基于算法的新闻生产和分发流程中，算法程序的高效运行对数据量级和质量均有很高的要求。按照透明性的原则，新闻媒体机构需要对数据可信度、准确性、误差范围、采样范围、缺失值、机器学习过程中训练数据的规模等进行必要的说明。另外，对于涉及公共利益的算法，新闻机构应向用户主动披露源代码。此外，模型输入的变量及其特征，特别是对于新闻价值定义的标准、语义分析时的关键变量值、特征权重和建模工具等信息均有必要向用户披露，从而使他们对算法的建模过程有较为全面的了解。

（2）算法程序透明。生产主体应就算法的运算和决策过程予以必要解释，以实现程序透明。算法程序的推理规则，如分类、数值推测、推荐等，其中包含的准确度、基准值、置信水平等统计数据均存在不确定性。还有外部接口的开关、输入与权重的可调整性以及呈现给终端用户的界面设计等，都需要考虑以便于用户理解的方式予以充分披露。

（3）算法背景透明。自动化新闻生产过程中是否有人工编辑和记者的干预，以何种形式、在什么程度上参与，谁应对报道的准确性负责，媒体机构应该予以明确说明。对算法在实际运行中可能带有的偏见、易犯的错误，新闻机构应该坦诚告之用户。特别是当涉及争议性、批判性新闻话题的时候，应向用户交代算法设计者及其所在机构的目标和意图。

从具体操作方式上看，媒体机构可以效法其他商业企业，以发布阶段性算法透明报告或组织分享交流会的形式，向外界定期公开算法运行的相关信息。例如，今日头条在2018年召开了一场旨在推动整个行业问诊算法、建言算法的分享交流会，面向行业公开头条的算法原理，以消除社会各界对算法的困惑和误解。另外，在媒体内部设置专门岗位，由专职人员负责与受众或用户沟通、解释算法的运作机理，也不失为一个增强用户黏性、提高算法透明度的好办法。在信息披露界面设计上，还应思考如何在不影响用户体验的前提下以通俗易懂、界面友好的方式披露算法信息。

第二，在法律体系层面，目前我国政府尚未针对算法特殊性及其在互联网时代产生的法律问题做出回应，如是否应该承认人工智能作为具有自我意识的法律主体地位，是否应该保护算法新闻的著作权、言论自由等权利及责任认定等。

从国际范围来看，欧盟率先在2016年通过了《通用数据保护条例》（*General Data Protection Regulation*），规定软件公司应向用户解释算法决策背后的逻辑推理过程，并明确规定，如果相关主体未履行披露义务，将对其处以高额罚金。美国计算机协会公众政策委员会（ACM Public Policy Council）也公布了知情原则、质询和申诉原则等六项算法治理指导细则（见表4.2）。对此我国监管部门可在研判我国互联网治理的具体国情基础上适当学习借鉴。

表4.2　美国计算机协会公众政策委员会公布的算法治理指导原则

原则	基本内容
知情原则	算法设计者、架构师、控制方以及其他利益相关者应该披露算法设计、执行、使用过程中 ·可能存在的偏见 ·可能对个人和社会造成的潜在危害
质询和申诉原则	监管部门应该确保受到算法决策负面影响的个人或组织享有对算法进行质询并申诉的权力
算法归责原则	使用算法的机构应对算法决策结果负责
解释原则	采用算法自动化决策的机构有义务解释算法运行原理以及算法具体决策结果
数据来源披露原则	算法设计者应披露： ·训练数据的采集方法 ·数据收集过程中可能存在的偏见 注：相关机构有权以保护隐私和商业秘密、避免恶性竞争等为由进行选择性披露
可审计原则	模型、算法、数据和决策结果应有明确记录，以便必要时接受监管部门或第三方机构审计

在监管方式上，相关政府部门可从事前干预算法设计和根据后果事后向算法权力追究责任两方面入手。要在尊重算法商业逻辑的基础上，将算法与新闻业的融合看成是互联网智能演进的过程中由商业力量驱动的知识生产过程，思索基于算法的新闻价值生产以及相应的问题。不仅要约束多元利益主体在互联网空间中的行为，也要对算法技术本身的变化做出回应。针对不同用途的算法，从其内部的设计规则

以及外部行为与后果等层面构建算法权力规范体系[①]。

第三，在更广的社会监督层面，随着我国信息公开进程的逐步推进和数据开放环境的改善，数据保护、数据安全意识近年来已普遍得到社会公众的认可。但智能算法在社会公众眼中往往带有"科学""客观"的外在光环和神秘性。笔者认为，要实现对算法权力的问责和充分监督，应在全社会范围内加强"算法素养"（algorithm literacy）教育，引入第三方监督与核查力量，并充分发挥专业新闻媒体的问责和监督职能。

（1）培育算法素养。算法设计者和利益相关者应树立兼顾效率和公共利益的理念，设计和使用算法的时候遵循相应的伦理规范。社会公众应多学习和了解必要的算法常识，既不过于依赖算法，也应清醒认识到算法的负外部性问题，对算法的系统性影响给予审慎的评价和认知，不仅要以争取合理知情权的方式破除算法黑箱，还应理性地生产和保护个人信息，防范算法可能催生的风险与消极后果。

（2）加强第三方算法监管力量。为了保证对算法权力的全方位监督，应建立值得信赖的算法伦理委员会等第三方独立组织，支持学术性组织、非盈利机构或自媒体的适当介入，加强第三方监管力量。目前在德国已经出现了由技术专家和资深媒体人牵头成立的名为"监控算法"（Algorithm Watch）的非盈利组织，宗旨是评估并监控影响公共生活的算法决策过程。具体的监管手段包括审核访问协议的严密性、商定数字管理的道德准则、任命专人监管信息、在线跟踪个人信息再次使用的情况，允许用户不提供个人数据、为数据访问设置时间轴，

---

① 胡凌.人工智能的法律想象[J].文化纵横，2017（2）：108–116.

未经同意不得将数据转卖给第三方等。

（3）发挥专业媒体机构的算法问责职能。专业媒体机构，特别是其中的调查记者队伍素来被视为追求事实真相、推动社会进步的标杆。算法时代的专业媒体机构一方面要对机构内部的算法使用和运行情况展开自我核查和纠错，另一方面应充分发挥事实真相提供者和舆论监督主力的职能，针对算法可能存在的偏见、歧视以及错误，勇于向算法权力提问、调查和追责。

三、平台型媒体①

西方新闻业在数字技术浪潮的冲击下频生变局。曾经的行业颠覆者、数字原生媒体的领头羊——《赫芬顿邮报》（ *The Huffpost*，以下简称《赫邮》）自2018年博客自媒体撰稿平台关停后由盛转衰，最终在广告收入持续缩水和新冠疫情的双重打击下，2020年年底被美国移动通信运营商威瑞森旗下的媒体子公司（Verizon Media）转售给了同根同源的新闻聚合网站嗡嗡喂（BuzzFeed）。与此同时，新老东家也在谋划联手抗衡互联网技术巨头。

鼎盛时期的《赫邮》一度被奉为"互联网+媒体"的典范和传统媒体融合转型的参照系。它所做出的"去平台"抉择和眼下的股权易手无疑映射出数字媒体在社交时代的生态位变动和调整。那么，平台型媒体还能否担当媒体融合和传统媒体转型发展的主流模式呢？以内容生产为导向的传统纸媒和数字新媒体如何探索平台化转型路径？这些

---

① 原载《中国出版》2021年第10期，原题为《原生代平台型媒体的"去平台"转向——〈赫芬顿邮报〉的衰变及对我国媒体融合的启示》，作者为张淑玲。

问题不仅关乎不同媒体的力量消长，而且涉及媒介生态系统的良性运行及治理。

现有研究以针对平台型媒体的概念阐释、运营策略和西方案例引介居多，缺乏基于行业生态视角的学理探讨。本节借助媒介生态位理论，从时空、功能和营养生态位三个维度对国外原生代平台型媒体《赫邮》的衰落症结展开分析；提示新闻内容提供商在社交媒体时代多采取生态位收缩和调适策略。由于资源差异和利益分配不合理等问题，其与社交平台的合作日益减少。以此为鉴，我国媒体融合平台阵地建设应以整体生态观和平衡观为指引，在做好生态位合理规划和分化的基础上，按照三个基本思路打造与各级各类媒体细分生态位匹配的竞争优势。

（一）媒介生态位视角下的平台型媒体

生态位（niche）的概念最早产生于生物学领域，是对某一物种或种群在生态系统中所处的位置和状况及其本身生活习性的总称[①]。研究显示，生态学中的种群概念和生态位理论也适用于分析不同媒介种群之间以及种群内部的竞争与共存。媒介生态位指媒介组织或媒介产业从媒介生态系统获取的、能供内部各媒体生存和发展所需的人力、信息、受众和广告等资源。

从媒介生态系统演进的角度来看，平台型媒体诞生于大数据、人工智能技术广泛应用于媒体行业的时代，是新闻内容生产与互联网新技术融合的产物，也是迥异于传统媒介组织的新兴物种。最初它作为

---

① 迪米克. 媒介竞争与共存：生态位理论[M]. 王春枝，译. 北京：清华大学出版社，2013.

舶来概念被引入国内视野，在本土语境下不断发生意义引申与再造，并逐步被嵌入以媒体融合为核心的话语实践。

目前国内学界普遍将"平台型媒体"界定为兼具媒体的专业性和用户平台开放性的数字内容实体。这种媒介形态侧重于打造一个提供各种规则和服务的开放式平台，以其作为媒体内容抵达平台用户的全新通道。在理想形态下，平台型媒体糅合了"成熟的技术应用、海量的用户导入、开放的内容供给、专业的采编规则与自由的算法筛选和推荐机制"[①]。这意味着原本在内容生产和信息传播链条上各执一端的新闻媒体和技术平台开始涉足对方的业务领域，传统的内容供给格局和系统平衡被打破。无论是曾在媒介生态系统中占据独特生态位的传统媒体、数字新媒体还是新入局的技术平台，都在借助自身独有的媒介资源谋求竞争中的优势。

（二）走向边缘：原生代平台型媒体的生态位收缩

作为一家以互联网报纸立身、没有任何线下出版物的商业化媒体，《赫邮》扩展了原创新闻以外的内容来源，不仅大胆尝试以名人博主和公民记者为主体的 UGC（用户生成内容）模式，并且最先一步与脸书等平台联手打造社交新闻，还利用简单算法对多个站点的内容进行集中抓取和呈现，聚合其他媒体的新闻内容。后来居上的脸书、推特、微博、微信等国内外社交媒体以及今日头条、快手、抖音等信息聚合平台，则发轫于社交媒体时代，借助智能算法技术对受众需求进行深度解读和个性化推荐。基于上文界定，《赫邮》实

---

① 喻国明，焦建，张鑫. "平台型媒体"的缘起、理论与操作关键[J]. 中国人民大学学报，2015（6）：120–127.

际上是自带互联网基因、最早以平台思维进行内容生产的原生代平台型媒体。享有先发优势的它为何在社交媒体时代全面来临之际日显颓势？下文借鉴邵培仁关于传播生态位规律的相关观点[①]，从时空生态位、功能生态位、营养生态位三个基本维度对《赫邮》的衰变症结展开分析。

1. 时空生态位

媒介的时空生态位分别涵盖媒介传播实践中占据的时间资源和传播渠道，不仅为媒介生存和发展提供土壤，而且形塑媒介的生产和传播行为。从传播生态位规律的观点来看，不同媒介长期占有相同生态位的情况极为少见。

自2005年创办以来，《赫邮》凭借互联网技术，以"新闻博客聚合平台"的独特定位在短短数年间发展为美国最具影响力的新闻网站。通过使用分布式新闻挖掘和高效的平台新闻聚合，鼓励大量公民记者上传新闻，邀请知名社会精英发表观点，实现了用户参与性和媒体公共性的叠加优势。因此，《赫邮》一度成功抢占了短生产周期的互联网空间生态位，其内容生产和传播效率与以深度报道见长的传统媒体相比无疑是先进的。但好景不长，这种内容聚合模式逐渐呈现后继乏力的态势。

一方面，免费的用户内容生产模式缺乏长期可持续性。《赫邮》的大量内容靠上万名网络用户和知名博主无偿提供。特别是2011年美国在线（AOL）斥资3亿多美元高价收购《赫邮》的消息坐实之后，不少内容创作者意识到自身已沦为平台和传媒资本的数字劳工，就连美国报业最大的行业组织——美国报纸发行人协会也呼吁停止向《赫邮》

[①]　邵培仁.传播生态规律与媒介生存策略[J].新闻界，2001（5）：26-27，29.

提供免费内容。虽然《赫邮》后来增大了自身原创报道的比例，推出了向用户颁发勋章、评定内容等级的柔性奖励手段，力图对用户参与新闻生产给予肯定和鼓励，但内容变现的焦虑和困境依然存在。另一方面，随着创始人阿里安娜·赫芬顿的离职再创业，原本靠她本人得以维系的名流博主资源日益枯竭；曾斩获普利策奖的知名记者大卫·伍德等，也因内部管理不善、与高层理念不合等原因先后离职，导致时政严肃新闻等原创报道质量明显滑坡，最终在2018年年初宣布关停博客撰稿平台，退居封闭式内容生产梯队。

此外，随着社交媒体日渐取代门户网站成为用户获取新闻的一站式选择，越来越多的平台型媒体围绕移动网络空间生态位展开了激烈角逐，如主打独特视角和"边缘新闻"而迎合年轻受众品味的视频平台怀斯（Vice），以有深度、有趣味的解释性新闻而获得社会认知度的沃克思（Vox）新闻网站以及为互联网用户提供即时点播服务的流媒体视频平台网飞（Netflix）等，均有各自窄小但清晰、明确的特化生态位。相比之下，《赫邮》未对"大而全"的门户网站生态位做出及时调整，网站的每日更新量惊人，但访问数和流量差强人意。另外，《赫邮》在英、法、加、印等15个国家大举扩张的国际化战略不仅直接产生了高昂的运营成本，更因对所在国受众需求和传媒竞争环境缺乏了解而折戟沉沙。这种贪大求全的泛化生态位策略无法保证充裕的资源取向和足够的发展时空。

2.功能生态位

媒介的功能生态位直指媒介的功能属性，其中以媒介的社会功能居多。不同媒介组织基于差异化的功能对同一基础生态位中的分层资源展开争夺。作为全球数字原生新闻的领军力量，《赫邮》发轫于技术创新层出不穷的互联网时代，本身亦没有运营线下载体的后顾之忧，在产品内容及传播渠道上均进行了前沿大胆的创新尝试。及至当下的社交媒体和平台阶段，它却未能保持创新层面的先发优势，新闻理念和商业逻辑的冲突也不可避免地使其陷入运营和伦理困境。

（1）创新优势不复存在。《赫邮》曾经的技术亮点是先进的搜索引擎优化（SEO）技术和强大的内容管理系统。[1]通过引入网站建设的SEO技术和实时流量分析，它把数据和统计分析的"鲜活血液"引入新闻的标题、导语和内容创作，记者、编辑与程序员三方合力打造爆款内容，再利用嵌入式热词标签链接成功将用户引流到站内其他内容。很快，新闻聚合平台嗡嗡喂、沃克思，商业内幕网站（Business Insider）以及职场社交平台领英（LinkedIn）等多个平台纷纷效法，信息聚合演化为行业共通的标准，在一定程度上造成聚合来源高度交叉，平台内容严重同质化。

此外，随着博客的没落和智能手机、移动互联网的普及，社交媒体平台成为用户浏览新闻的最大入口，《赫邮》的技术优势逐渐被全面赶超。不但脸书、推特、色拉布（Snapchat）等社交媒体平台显示出无可比拟的用户势能和技术专长，就连《纽约时报》等以深度报道立身的传统内容出版型媒体也积极扩展分发渠道，尝试从新兴社交媒体平台上分享流量蛋糕。尽管《赫邮》的受众意识和社交属性不可谓不强，但囿于"内容和平台"两线作战的掣肘，在技术手段上无力抗衡互联网科技平台，在原创内容上又难以超越传统主流媒体，最终导致生态位的全线收缩。

（2）商业逻辑对新闻理念的异化。从资金来源上看，数字原生新

---

① 虞鑫，董玮. 从内容聚合到价值再造："后社交媒体时代"与新闻消费模式重建——以《赫芬顿邮报》为案例[J]. 中国出版，2019（20）：7-11.

闻主要倚赖慈善基金、风险投资或众筹项目。这种融资方式必然伴随着资本逐利的渴求和场域内商业与市场力量的绝对主导。《赫邮》的创业成员多以西方新闻专业主义理念的追随者自居，寄望在 Web 2.0 时代前沿技术的加持下引领行业变革的潮流。在同业数量众多、资源争夺激烈的传媒市场环境下，这批传统媒体采编部门出身的创业骨干不仅在行政管理和市场经营上屡屡受挫，自身更是难以适应被商业利益、用户流量和市场份额所主导的全新场域，强烈的职业挫败感导致人才的频繁流失。

不难发现，《赫邮》在网站内容编排和分发上刻意迎合了这种商业逻辑，偏离了原创政治报道和严肃新闻的基础生态位，转向更能带来流量但优势并不突出的软性栏目；此外，由于缺乏采编和经营的严格分野，这种新闻聚合模式也深陷伦理旋涡。一方面，聚合内容带来的信息源良莠不齐，加大了编辑把关难度；另一方面，为了节约成本开支而压缩自采和原创内容的比例，未经授权而搬运和聚合其他媒体的原创内容，为求精准推送而滥用用户隐私数据，都令其深陷版权纠纷，媒体的品牌价值也在无形中遭到稀释。

3. 营养生态位

媒介的营养生态位是媒介占据和扩展生态位所需的内外部资源支持，主要体现在信息、用户、广告、资金乃至人才等方面。一般认为，用户资源和广告资源共同构成盈利性媒体机构的营养生态位。上文已就《赫邮》的人才结构问题和融资渠道进行了讨论，下面将分别从用户资源和广告资源这两个基础营养生态位展开探讨。

从用户资源来看，移动互联网时代的新闻用户无论是量级、兴趣，还是平台偏好、新闻消费行为等方面都发生了根本变化，正以前所未有的个性化方式塑造、分享和重构新闻资讯。虽然《赫邮》在提升用户参与度和互动性上有所建树，但对新生代用户这一重要群体发力不足，特别是与电脑相伴出生，成长为新闻资讯消费主力的"千禧一代"。调查显示，《赫邮》在18~34岁用户群体中的受欢迎度落后于嗡嗡喂和其他数字网络媒体，甚至不敌美国有线电视新闻网和《今日美国》等传统媒体[①]。

此外，广告商也是支撑数字原生媒体的重要资源。作为打响原生广告第一枪的数字媒体，《赫邮》一度受益于这种内容与广告无缝衔接、不影响用户体验的新型广告样态，曾为通用电气、强生等大客户量身定制广告页面。但很快这一领域的竞争陷入白热化，《赫邮》一家独大的局面迅速被打破。纵然最早一批入驻了脸书等社交平台，但它在用户数据获取和流量变现两方面均以惨淡收场。单从广告收入来看，全球数字广告投入中的大部分流向了把持用户流量入口的脸书和谷歌等社交平台巨头。本想借力平台的用户规模效应实现营收突破，结果非但未能产生预期的收入回报，反而削弱了自身的差异化特质，多年苦心经营的品牌价值和读者忠诚度也遭到极大消解。

（三）"去平台"转向：内容出版型媒体的生态位调适

《赫邮》的衰败并非个例，而是域外数字原生媒体采取平台化策略后处境依旧艰难的缩影。这一实践形态的日渐式微折射出技术平台公司对内容出版型媒体的反向融合和生态位置换现象。包括《赫邮》在内的多家欧美媒体开始从最初争相拥抱平台的盲目乐观中清醒过来，

---

① BUSCHOW C. Why do digital native news media fail？ an investigation of failure in the early start-up phase [J]. Media and Communication，2020，8（2）：51-61.

意识到平台所描摹的合作前景无异于泡沫幻象，从而积极奋起自救，力图重夺新闻媒体的内容发布权和采编自主性。

（1）以原创资源为抓手，夺回内容控制权。以传统媒体为代表的内容出版商对科技平台抢占媒体的新闻内容发布权日甚不满，对平台算法推荐和把关机制的诸多弊端也忧虑重重。哥伦比亚大学数字新闻中心发布的报告显示，多家媒体自2018年起已萌生"去平台"的意图，部分受访者认为他们与出版商之间的关系已渐行渐远，"平台权力的鼎盛时代该终结了"。当然，它并不代表媒体与平台之间的合作走向尽头，而是更多地指向融合过程中所出现的关系疏离问题。

这一点在原创内容生产和推送上体现得最为明显：媒体不再唯平台马首是瞻，开始以自身的内容制作优势为抓手，重新收回内容发布权。例如，脸书曾联合以高品质内容著称的一众欧美媒体打造了"即时文章"（Instant Article）项目，加盟的媒体同意将原创内容直接发布在脸书的移动应用程序。由于项目回报低于预期，《纽约时报》在短短一年后便宣告退出，专心经营基于高品质新闻的付费墙业务。半年多后，《华盛顿邮报》也不再免费开放所有内容，而是将用户回链到自己的网站。截至2018年，早期加入这一项目的媒体中有半数以上已停止内容更新。此外，在第三方平台的内容维护和差异化呈现都需要巨大的时间和人力投入，也是部分媒体选择离开的主要原因。

近两年间，这股来自内容始发媒体的"去平台"呼声越发高涨。占据内容生态位优势的传统纸媒多采取以高品质内容制胜的生态位策略。当然，多数媒体认为现阶段完全脱离平台是不现实的，毕竟从传播力的角度看，商业平台的放大器作用十分显著。因此，它们延续了与平台之间的合作，但同时设法在自有的渠道上促进内容变现和用户流量转化，并以媒体的监督职能向公众和监管层披露科技平台在助推假新闻、侵犯数据隐私和算法不透明等方面的种种丑闻。自2019年4月拟就《新闻业竞争和保护法案》草稿以来，美国国会还举行了听证会，对科技平台巨头在数字传媒市场的垄断展开调查。这无疑是内容导向型媒体在重新划定新闻业与科技公司的边界，进行生态位调适的求生之举。

（2）以新闻用户为依托，培育核心用户群。作为新闻资讯的源头，媒体机构入驻平台后并没有获得预期的成效：用户与社交平台建立的高黏度没有自动转化为读者对原创媒体的忠诚度，媒体与读者的关系反而愈发疏远。自2019年起，以传统媒体为首的内容出版商一改对社交媒体用户点击和分享数据的追捧，将焦点重新放到培育忠实用户这一核心议题上，并确立了"受众第一、平台次之"的策略定位，以核心忠实用户的需求而不是平台算法作为媒体编辑决策的依据，依照漏斗形用户培育和转化模型（如图4.5所示），重新赢回移动网络时代的新闻用户。

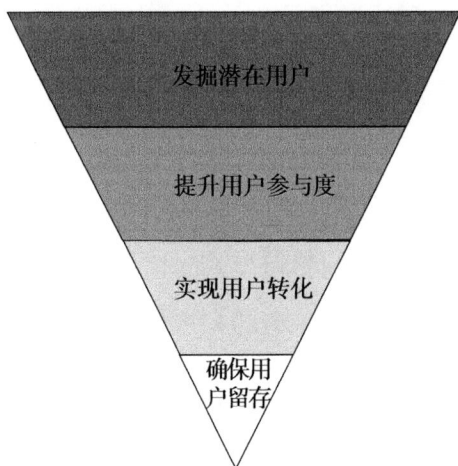

图4.5　漏斗形用户培育和转化通道

以这个模型为引导，参照新闻用户的资讯接触频率和对传媒品牌的忠诚度，内容出版型媒体首先以一种全新的认知方式，将用户进行精细化分类。这样得来的对媒体用户的针对性理解远比平台提供的颗粒度粗糙的用户数据更有意义。然后进入漏斗第一层，借助拥有海量用户的社交平台发现并挖掘媒体的潜在用户。接下来分三步依次提升用户参与度，将潜在用户和边缘用户转化为品牌黏性高的核心用户，并稳定地留存住这批忠实用户。其中，社交平台只在漏斗第一层发挥媒体内容营销渠道的作用。

（3）以移动互联网为风口，探索多元变现途径。越来越多的欧美媒体在与社交平台的合作中发现，在社交媒体和搜索引擎大行其道的当下，广告投放收入多被平台鲸吞蚕食，而不加选择地将自家的原创内容在平台上免费呈现，与自身的商业模式并不兼容。它们逐渐意识到，只有立足自身的生态位，深耕高品质独家内容，探索适合自身的内容变现模式，才是盈利的真正突破口。

根据牛津大学路透新闻研究所发布的最新报告，新冠疫情催生了更多的新闻阅读需求，美国和挪威等欧美国家的受众在线新闻付费阅读意愿逐年升高。为此，无论是传统主流媒体还是数字原生媒体，都在不遗余力地进行商业模式的多元探索。一方面，它们在与平台的协议中充分发挥自身的内容生态位优势，争取合理的版权收益和商业利益分成。另一方面，包括沃克思、石英石网站（Quartz）在内的数字媒体也仿效《纽约时报》的付费墙模式，以会员制、订阅制来锁定核心新闻用户，促成内容变现。也有的积极扩展产品思维，以电子邮件新闻、播客、活动营销、推广内容等多元产品形态摆脱相对单一的盈利模式。

（四）生态位分化和平衡：对我国媒体融合的启示

当前，我国传统主流媒体、机构媒体、商业化门户网站和社交平台等共同构成了样态多样、富含生机的媒介生态景观，并在媒体融合的探索中先后启动了对新闻内容出口渠道的平台化改造。在平台成为流量渠道的大背景下，各大主流媒体纷纷在头条、快手、抖音等商业平台上发声。相应地，对于我国主流媒体和互联网商业平台是共荣共生还是反向融合，传统媒体是多平台分发还是自建生态的困惑同样存在。

以域外媒体平台化的实践得失为鉴，我国媒体融合平台阵地建设应以整体生态观和平衡观为指引，将内容生产视为多主体参与和互动的生态链，在做好媒体生态位合理规划和分化的基础上，确立与各级各类媒体细分生态位匹配的竞争优势。具体而言，可按以下三个思路打造互惠共生、良性运转的媒介新生态。

1. 多方施策，推行细分生态位策略

研究显示，目前我国传媒业已涌现出三类平台，分别对应着媒体融合的不同阶段。第一类是由多媒体生产系统衍生的全媒体指挥中心，以中央厨房模式为代表。第二类是云服务支撑下的媒体资源共享和多终端发布平台，可为县级融媒体提供技术支持。第三类是基于互联网、面向自媒体或网民的内容聚合平台，如澎客、今日头条等。当前，我国大多数媒体正处在由第一类向第二类、第三类的过渡阶段，即由媒体到媒体型平台、再到平台型媒体的逐级演进[1]（如图4.6所示）。

---

[1]　梅宁华，支庭荣. 媒体融合蓝皮书：中国媒体融合发展报告（2020）[M]. 北京：社会科学文献出版社，2020.

图4.6　媒体平台化转型的进阶路径

传统媒体在平台化转型的过程中应找准各自的细分生态位，并采取差异化融合策略。有较多资源取向的央媒和部分主流的省级媒体可采取泛化生态位，在融合核心技术上发力攻坚。这方面既有新华社与商业互联网公司合作打造的"媒体大脑""AI合成主播"等融合创新的典型案例，也不乏深圳报业集团等省级平台的亮眼表现。该集团旗下的"四报一网"均有自建平台，综合粉丝量近1.17亿人[①]，不仅成功上线了自有产品"读特"新闻客户端，也尝试与外部网络平台合作打造出深圳ZAKER等数字化转型升级示范项目，构建了具有广泛影响力的全覆盖融媒体矩阵。

地市级和县区级媒体由于地理位置和资源投入问题，往往难以触及较大用户群，可相应采取向下扎根的特化生态位策略，选择与自身生态位相匹配的传播技术，必要时与对口的省级云媒体平台建立营养互换机制，或与商业化平台合力打造功能互补型平台。例如，浙江长兴传媒集团在县级媒体融合中开创的"长兴模式"[②]，就是以新闻本土化、栏目民生化为思路，横向整合电视、广播、报纸、网络等传播资

---

① 梅宁华，支庭荣. 媒体融合蓝皮书：中国媒体融合发展报告（2020）[M]. 北京：社会科学文献出版社，2020.

② "融"出来的长兴模式 [EB/OL]. （2019-03-08）[2020-12-01]. http：//media.people.com.cn/n1/2019/0328/c426163-31001072.html.

源，创新运营架构，形成了信息互通、资源共享的长三角县域媒体协作平台。

2.着力布局移动端，扩展生态位宽度

进入移动互联网时代，网络用户对新媒体产品的消费表现为内嵌于社交媒体场景之中的碎片化阅读。因此，在传播介质层面，我国媒体应有侧重地将力量和资源向移动端倾斜，适当收缩报纸、杂志、广播、电视等传统介质端。从供给侧看，传统内容出版型媒体仍需深耕高品质内容，夯实内容生态位上的优势，专注培养核心竞争力。

值得注意的是，适合在社交媒体传播的内容产品，通常具有时长短和硬新闻软化的特征。因此，正处于移动化、平台化探索阶段的传统媒体可将小屏内容生产作为新的发力点，酌情增加直播和短视频在内容生产中的贡献比例，以扩展自身的时空生态位宽度。视频生产原本并非传统党媒的长项，但近两年党媒的视频传播力实现了质的提升。在中宣部的"学习强国"学习平台上，海量优质的视频资源借助平台的分享机制和社交属性完成多级传播，缔造了现象级的传播盛况，成功实现了政治传播在移动端口的高势能运转。

在贯彻移动优先理念的同时，树立用户思维也是题中应有之义。人民日报相关视频产品的成功，与瞄准年轻受众的喜好、直击用户的参与习惯是密不可分的。而用户在修正新闻源、补充事实信息并表达不同观点方面有巨大潜能，国内多家商业媒体对此理解得尤为深入，如封面新闻就是利用青蕉社区的开放式分享平台打通了用户与内容生产的渠道。

3.开展错位竞争，减少生态位重叠

由于不同媒体的媒介资源和受众空间分布不均、媒体之间的部分功能存在重叠，目前我国各级各类媒体同样面临生态位竞争问题，这是媒介生态环境中的常态，应该站在传播生态、媒体格局和产业发展全面升级和质变的高度把握这种生态位调整和重构现象，从而深入理解媒体融合的本质。

在这种认识指引下，不同层级和类型的媒体应开展错位竞争，避开同质化的信息传播。《新京报》自2021年起改为"周五刊"，仅留下经验丰富的少数编辑全力办好报纸端、其余全部转型新媒体的举措，彰显出传统纸媒以错位经营的思路寻求资源集约化、差异化发展的决心。在营收模式上，媒体也要从传统的广告和发行二元盈利模式向"新闻＋政务＋服务"或媒体智库、产业园区等多点营收模式转变，发挥深度分析优势并巩固用户黏性。

最后，在打造生态型媒体平台的过程中，政府可以承担传播生态的共建者角色。目前已有业内人士呼吁有关部门将独家稀缺资源配置给媒体，以打破商业平台因用户规模而占据的非对称优势，不失为一种从顶层设计上为媒体赋能的思路。针对在平台合作中相对被动的原创内容来源媒体，可探索成立保护版权、保证媒体合理分配利益的生态补偿机制，从技术、生产、服务和体系架构上打造多元主体共生共存、良性循环的媒介生态环境。

—— 第五章 ——

数字新闻业的实践创新

一、区块链媒体[①]

在数字技术浪潮的强力冲击下，国内外媒体机构近年来不断开拓进取，尝试将信息技术领域的重要突破——区块链（Blockchain）技术应用于新闻业，并由此催生了新兴的区块链媒体。在理念上，该技术的相对优势已得到业界的认可，但实践层面上各种认知仍比较散乱。新闻领域的已有研究仍停留在案例引介层面，议题相对单一，多探讨区块链技术的特点及其在数字版权保护、原创内容生产等方面的应用。作为携带着强大技术基因的新生事物，区块链媒体是新闻创新不争的事实，但鲜有学者认识到其具有破坏性创新的本质，也缺乏学理层面上对区块链媒体的宏观把握，存在理论研究滞后于实践发展的问题。

那么，作为一项极具潜力的颠覆性技术，区块链对新闻业的破坏性和创新性具体体现在哪些方面呢？哪些因素影响和制约着它的深入扩散？这项新闻创新未来的衍化路径如何，能否取代或颠覆传统新闻

---

① 原载《中国出版》2018年第21期，原题为《基于破坏性创新的区块链媒体扩散瓶颈与衍化路径分析》，作者为张淑玲。

业？这些问题，学界尚无针对性的研究。本节试以新闻创新为分析透镜，从破坏性创新的理论视角出发，对区块链媒体的创新扩散特征进行解读，以期为理解移动化、社交化、智能化趋向的媒体融合转型提供认识工具和理性洞察。

（一）破坏性创新理论的基本观点

根据克莱顿·克里斯坦森的理论观点，破坏性创新是一种高层级的创新，主要针对新的消费领域或已有用户的新需求，意在打破原有市场的发展路径，找到一种"新的生产函数和模式"[①]。它在早期阶段表现为一种不会为主流市场的消费者所选择的创新，只能服务于那些更加重视非主流性能的利基市场。随着技术上的不断改进和实力增强，这种创新会蚕食主流市场的产品或服务，颠覆原有用户的消费观甚至取代在位企业。

通常认为，破坏性创新是技术环境出现变革后产生的创新，创新思想因新技术的出现而成为现实。以传媒领域为例，低端市场破坏性创新常出现在现有媒介产品过度满足用户的成熟市场，当媒体不断改进产品以至于产品性能超出用户需求后，一部分用户不愿为其超出需求的性能溢价付费。而当具有价格优势的新产品逐渐提升质量后，会对现有的主流用户产生更大的吸引力，并逐渐侵入主流市场。此外，面向新市场的破坏性创新通过提供不同于主流媒介产品的新价值，改变产品竞争的维度并构建新的价值网络，从而吸引对现有产品不满的用户，发掘"零消费市场"。

---

① CHRISTENSEN M. The ongoing process of building a theory of disruption [J]. Journal of Product Innovation Management, 2006, 23（1）: 39–55.

（二）作为破坏性创新的区块链媒体

从破坏性创新的视角看，当前的传媒市场存在过度满足的消费者市场和"零消费市场"，这为创新者提供了进入市场的动力。一方面，维持新闻业发展的传统商业模式逐渐失效，以往单纯依赖广告的盈利模式难以为继，内容付费模式也面临用户反应消极的困境。另一方面，假新闻的泛滥导致媒体公信力受损，用户对网络媒体传播的劣质内容有颇多不满。由于传媒业的产业场景中涉及媒介内容生产、分发、消费环节，具有降成本、提效率、优化产业诚信环境的客观要求，而区块链技术分布式、防篡改、高透明和可追溯的特性使其在传媒业同样拥有落地应用的空间。从广义上讲，本节所探讨的区块链媒体泛指以区块链技术为基础打造的各类媒体平台。

1. 区块链媒体的热现状

全球范围内来看，欧美国家在将区块链技术应用于传媒领域的探索中走在了前列。近一年多来区块链媒体初创项目不断涌现，知名度较高的包括美国的去中心新闻网（DNN）、公民网（Civil）、人品网（SteemIt）以及北欧的霍比公司（Hubbi）和媒体筛选网（Media Sifter）等。以传统媒体融合转型为契机，国内区块链媒体也热度渐起，涌现出一批初创媒体及社区。调查显示，目前区块链媒体大致分为科普类、测评类、咨询类和行业分析四类，国内以咨询类最为多见，应用范围涉及媒体信源认证、数字版权保护、付费内容订阅、传播效果统计等。

2. 区块链媒体破坏性创新的具体表现

区块链媒体的出现使传媒业正经历着一场数字化的破坏性创新，在生产流程、用户参与、组织结构和商业模式等方面为媒体深度融合提供了全新的视角和颠覆性解决方案。

（1）变革新闻内容生产流程。由于区块链技术具有不可篡改的数字签名和可信时间戳，可以详细追踪新闻来源并确保媒体信源的可靠性和真实性，因此在治理假新闻、净化新闻传播环境方面将起到不可小觑的作用。如美国的公众网借助作者声誉评估体系培育优质媒体内容，在调动内容生产者积极性的同时有效杜绝虚假新闻、"标题党"文章和带有偏见的媒介产品，以求最大限度确保新闻的真实性和准确性，使其免受商业利益和政治势力左右。另外，区块链还可用于构建海量、共享、可信度高的媒体内容数据库，并在媒体的私有区块链网络上实现新闻线索协同记录、信息共享和采编前后方实时沟通，不仅有助于新闻作品多个媒体平台一键发布，也能降低新闻线索搜寻成本和采编成本[①]。

（2）提高用户参与和活跃度。美国的人品网就是基于区块链数字认证技术搭建的内容创作者社群平台。用户可以在平台上发帖并按照帖子的受欢迎度获得相应的代币激励。平台以"赞成"或"反对"的投票机制甄别内容优劣并计算出"热点文章排行"，借以提升用户互动性和活跃度，打造黏性高、忠诚度高的新闻社群。而公民网自创的"分水线"生态系统同样致力于提升媒体用户与生产端的互动性，培育更富有活力、更加透明的媒体生态社区——线上是支持优质内容的忠实用户，线下则是摆脱广告商等中介机构的公平透明的社区，既覆盖持有代币并参与关键决议、内容验证的社群成员，也包括经社群认可的新闻记者和技术开发人员等核心内容生产者（见图5.1）。

---

① 李鹏飞. 基于区块链技术的媒体融合路径探索[J]. 新闻战线，2017（15）：90-93.

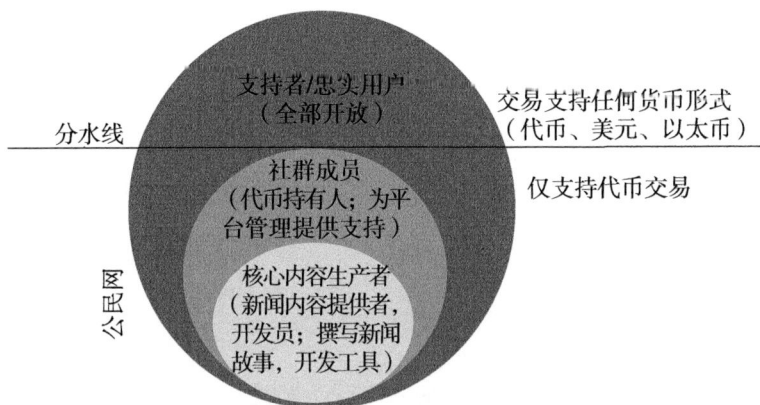

图5.1　公民网的"分水线"生态系统

（3）促进媒体组织结构和职能转变。区块链技术的去中心化特征有利于实现扁平化的编辑部结构，打破条块分割对提高新闻生产效率的结构性阻碍[1]。在去中心化的新闻采编平台上，包括专业记者、自媒体在内的内容生产者和对媒体内容感兴趣的用户都将得到充分赋权，推动传媒产业进一步解放生产力。同时，区块链保证数据安全、不可篡改以及透明性的优势，使得记者采写和发表过的内容很难被任何组织或个人私自篡改，即使数据被修改或新闻网站被撤销，其历史文档记录也可以追溯，有利于塑造不受资本和政治势力把控的媒介生态环境[2]。

（4）重构传媒业商业模式。区块链媒体的代币机制使新闻众筹成为可能，并为新闻业的商业模式创新提供新思路。在广告收入被谷歌和脸书等社交媒体平台蚕食的情势下，不少网络媒体一直面临如何破解资金困境的难题。规模较大、拥有忠实用户的精英媒体依

---

①　李鹏飞. 基于区块链技术的媒体融合路径探索[J]. 新闻战线，2017（15）：90-93.

②　What could blockchain do for Journalism [EB/OL].[2020–12–10]. https：//medium.com/s/welcome–to–blockchain/what–could–blockchain–do–for–journalism–dfd054beb197.

靠付费订阅的商业模式尚可存续，但资源匮乏的小型地方媒体没有足够的底气靠"收费墙"力挽狂澜。对此，以人品网、公民网为代表的区块链初创媒体推出了一种新型微支付打赏模式，平台用户发表文章或留言点赞均可获得奖励，但需在阅读和点评内容之前支付小额费用。从理论上看，这种模式有望成为网络媒体未来的商业模式并重塑整个传媒业态[①]。

（三）区块链媒体破坏性创新的扩散瓶颈

在破坏性创新过程中，区块链媒体的作用和效果并不是无限的。由于自身的属性和外部因素等原因，区块链媒体在传媒业的进一步采纳与扩散仍具有一系列不确定性，面临着难以突破的"天花板效应"和不容忽视的潜在风险。

1.区块链媒体扩散的"天花板效应"

从创新属性的维度来看，区块链媒体与现有传媒体制的兼容性、技术复杂性和适度可试性将决定它被社会体系成员接受的相对速度，这三个维度均有可能引起创新扩散的"天花板效应"。

（1）兼容性欠缺。作为新闻业在数字经济时代的创新尝试，区块链媒体既要和根深蒂固的传统观念兼容，也不能背离长久以来形成的新闻生产理念和新闻工作室现有的工作方式。进一步来看，区块链媒体的扩散面临着去中心化理念与媒体的专业权威、市场导向与新闻公共服务之间的张力。一方面，区块链媒体所倡导的去中心化和不依赖中介机构的治理理念与传统主流媒体的角色定位之间存在某种隐含的

---

① THELWALL M. Can social news websites pay for content and curation? the steemIt cryptocurrency model [J]. Journal of Information Science, 2018, 44（6）: 736 - 751.

张力。在"去中心化和信息自主权"的社会化传播语境下，传统媒体对新闻生产与传播渠道的垄断权将在一定程度上被消解，而包括自媒体、技术公司在内的不同类型的内容提供方将成为泛社会化新闻生产中日渐崛起的新行动者。另一方面，新兴信息技术的广泛应用将使媒体业态和相应的传播生态发生深刻变化，新闻业当然要以积极的姿态借助市场力量展开创新实践，但传媒产业发展、新闻创新不应局限于资本运作和增值的逻辑，以"吸引眼球""价值创新"作为基本考量，还应该本着重塑新技术时代公共生活的态度，倡扬新闻生产的公共服务准则。

目前为止，即便在区块链创新策源地的欧美等国，区块链媒体仍处于监管真空地带。这种法律和制度构建滞后于实践发展的现状导致与之相关的活动缺乏必要的制度规范和法律保护，无形中加大了市场主体和媒体实践者的风险，减缓甚至阻碍某些传统媒体布局区块链技术应用的步伐。尽管各国政府充分认同这项技术的创新潜力，但对加密货币则多数采取相对谨慎的立场。数字加密货币是区块链媒体平台的底层设计基础，因此政府的监管态度和政策将直接影响区块链媒体这项破坏性创新扩散的速度和程度。

从成本与收益角度看，实现区块链技术与现有传媒体制整合的成本不容低估。这项集技术创新、生产方式创新和组织结构、传受关系变革于一体的媒体创新，能否在保证创造经济效益的同时又符合监管要求，还要与传统的新闻生产理念相衔接，依然面临着诸多变数。而构建基于区块链技术的全新平台所耗费的时间、人力、物力成本可能要高于潜在收益，存在成本收益错配的可能。此外，在传统商业思维模式的路径依赖下，要提高行业接受度，还需说服传媒行业传受链条上的各方力量加入区块链中，这将产生大量的宣传和教育成本，这部分沉没成本也将挤压区块链初创媒体的创新空间。

（2）复杂度过高。由于区块链媒体涉及密码学、数学、经济学、网络科学等多种技术的整合应用，存在公共区块链、联盟区块链、私有区块链等不同技术应用形态[①]，专业技术门槛高，其中的运行规则和解决方案不易被公众理解，因此可能会造成技术壁垒而不利于扩散。

此外，随着区块链的发展和数据量的增多，节点存储的区块链数据体积越来越大，存储和计算负担将越来越重。目前的区块链系统存在数据确认时间较长和交易频率过低的问题，如果扩容问题得不到解决，可能造成大量交易的堵塞延迟。

（3）可试性不足。虽然区块链技术发展方兴未艾，但目前各个领域的运用尚处于探索阶段，以开展可行性研究居多，基本停留在分析区块链技术优缺点的层面，缺乏成熟的行业落地，没有广受认可的成功先例可循。

在技术层面，尽管多种共识机制已被提出，但能否实现真正的安全可信尚不能完全证明。传统的网络攻击方式有可能会造成网络堵塞，迫使区块链网络出现硬分叉，进而使整个区块链系统的可信性遭到质疑。国内外在这一领域的技术标准还不够完善。

从具体推行情况看，国内目前仍以行业新闻、快讯、行情、数据等形式为主，与其他的媒体形式并无本质差异。商业模式基本上仍以广告收入为主，辅之以培训活动、评级等增值服务，盈利路径并未超

---

① 长铗，韩锋，杨涛. 区块链：从数字货币到信用社会[M]. 北京：中信出版社，2016.

出传统范畴。国外初创企业的微支付打赏模式能否成功推行并深入扩散，仍有待于实践检验。

2.区块链媒体扩散的潜在风险

从风险管理的角度看，尽管区块链媒体凸显出一定的价值，但是产业发展过程中仍存在一系列不容忽视的风险，影响并制约着它的采纳和扩散进程。因此，在区块链媒体热度不减的同时，也应该高度警惕其背后的风险。

一是合规性风险。在区块链媒体破坏性创新的早期，由于技术本身具有传递价值的属性，再加上相应的法律机制不健全等原因，为一些热衷于通过首次代币发行进行非法集资的行为留下"灰色地带"。当前，资本市场上不乏对一些区块链应用项目不切实际的宣传和炒作，有的甚至脱离了实体经济的需求而变成投机行为。在区块链媒体行业加强自律的同时，媒体行业开发平台应用代币的行为也将被纳入监管视线。

二是落地应用风险。技术本身的成熟度不够将引发应用漏洞，如存在恶意攻击块链、私自挖矿等方式，也有私钥和终端安全方面的隐患等。此外，网络参与主体责任划分、账本数据最终归属、成本偏高及交易区块具有选择性等问题，也会导致这项技术在传媒业落地应用时存在隐患。

三是泡沫破裂风险。从技术成熟度曲线来看，一项新技术从新生到成熟需经历技术萌芽期、期望膨胀期、泡沫破裂期、缓慢恢复期和生产成熟期五个阶段。目前区块链技术正处于技术发展的第二阶段——期望膨胀期，之后将迎来泡沫被挤破的低谷期。届时很多创新主体会因为市场关注度不足而无法继续发展，一部分会退出这一领域，留下的创新主体只有通过在媒介内容质量、服务、用户体验等主要性能维度上进行改进、提升，使早期的用户满意，才能继续获得投资。对于这一阶段的潜在风险也应有所准备。

（四）区块链媒体破坏性创新的衍化路径

目前看来，区块链技术在性能维度上仍劣于报纸、电视等传统媒介形式和互联网等主流技术，技术成熟度、行业接受度和法律监管等很多方面都亟待完善。尽管区块链初创媒体数量明显增长，获得了资本的热捧和技术中心主义者的拥护，但绝大多数仍处于业务培育期和探索期。这项破坏性创新在新闻业的衍化路径仍具有高度不确定性，面临诸多未知因素。

作为传媒领域的新来者，区块链初创媒体在启动破坏性创新时首先要确立破坏性定位，主动将自身定位在不同于现有媒介产品的细分领域，尽量绕开竞争激烈的红海市场。笔者认为，破坏性创新理论的两种定位思路对新入局的区块链媒体极具借鉴意义，如图5.2所示。一种是采用低端破坏的思路，在原有媒介市场的"产品性能－时间"二维坐标中，以低成本、低价格为手段，为价格敏感型用户提供更具价格优势的产品，避免与实力雄厚的主流媒体机构产生激烈对抗，使自身获得更好的发展空间和机会。另一种则是采用面向新市场的思路，沿第三坐标轴在与原坐标系平行的另一个平面上构建一个新的"产品性能－时间"平面，产生一个全新的产品性能体系，从新闻生产模式、传播渠道和商业运营方面提供新的价值主张，通过开辟"零消费市场"建立新的商业模式。如公民网就将目光投向因回报低而日渐式微的地区新闻、国际新闻和调查性新闻报道领域，意在打开新的利基市场，再逐步向主流市场渗透。

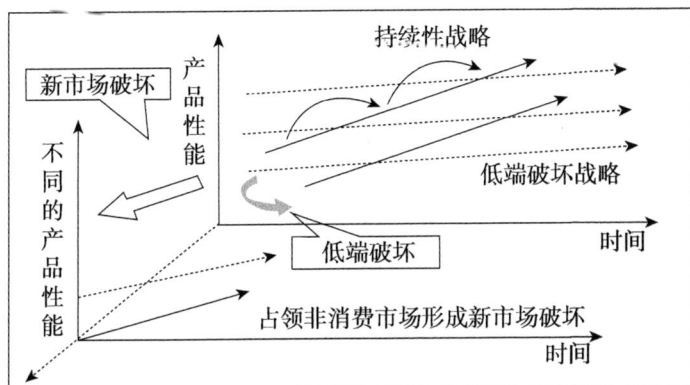

图5.2　破坏性创新的两种定位思路

随着时间的推进，区块链媒体将在主要的技术维度上进行改进、提升，最终达到主流用户的需求。但破坏性技术仅仅为相关主体进入媒介市场创造了一个平台，在随后的衍化路径中，技术只有与合适的商业模式结合，才能释放出嵌入在技术中的价值。区块链这项破坏性技术的出现，无疑会引发传媒产业链的变革和调整，并对媒体机构的商业模式各要素产生影响，从而使新商业模式的出现成为可能。只有那些能够依据新的区块链技术环境建立可盈利、可持续商业模式的媒体，才能借助区块链技术对现有的传媒市场格局进行破坏。因此，区块链破坏性技术与商业模式的协同创新将成为在传媒市场推动破坏性创新的关键。

面对创新者的涌入，主流传统媒体和网络媒体无疑要引起重视，但同时也要意识到，破坏者并不必然就是新创企业，这种破坏性也不必然意味着区块链初创媒体可以据此抢占市场并导致传统媒体和网络媒体衰落。现有的主流媒体在多年发展中积累的严谨的采编体系、迅速的反应能力以及媒体人专业的新闻素养远非区块链技术所能取代。这些在位企业同样可以扮演"聪明的破坏者"角色，通过发展这一破坏性技术来抵御区块链初创媒体的市场侵蚀。例如《人民日报》"中央厨房"已联合行业协会举办区块链融媒体应用合作交流会，迈出了央媒在区块链项目上探索的第一步。包括阿里巴巴、腾讯在内的很多大型互联网公司也已着手搭建区块链基础设施、打造区块链生态。这些都是在位企业顺应区块链技术环境、应对破坏性冲击而采取的积极举措。

从监管的角度看，区块链技术的去中心化特性和数据存储的分布式结构并不意味着不需要中心化的管理机制。相反，该技术在传媒业的扩散需以合法的、良性运行的生态体系为前提，让系统中的普通个体有机会贡献自己的禀赋并获得相应的激励。在区块链媒体开启破坏性创新的初期阶段，尤其需要权威机构参与制定规范、执行规则，以鼓励、引导的方式，打破块链间的数据壁垒和信息孤岛，对于有损公共利益和公民隐私安全的行为，政府部门必须主动出击，严格查处。此外，也需要因势利导，培育社会公众对区块链媒体这一破坏性创新的理性认知。

（五）结语

作为前沿信息科技与新闻业融合发展的产物，新兴区块链媒体在对现有新闻生态系统启动破坏性创新的同时，也面临去中心化理念与媒体的专业权威、市场导向与新闻公共服务理念之间的张力，其采纳和扩散进程受制于兼容性欠缺、复杂度过高以及可试性不足等瓶颈问题，存在"天花板效应"和潜在风险，不能取代传统主流媒体和现有社交网络产品。未来的衍化路径很大程度上取决于区块链初创媒体的破坏性定位以及技术与商业模式的协同创新。

当前，区块链媒体正处于创新扩散的早期采纳阶段，在变革新闻生产流程、提升用户活跃度、优化组织结构、重构商业模式等方面展现出破坏性创新的特质，虽然它很可能改变传媒业的未来生态格局，但无法取代传统的主流媒体机构和现有的社交网络产品。未来，随着入局者的增加，整个行业将进入洗牌期，发展也将逐步趋于理性。相信最终能够存活下来的一定是那些具有破坏性定位，能够实现区块链技术与商业模式协同创新，真正为用户创造价值并具备独特优势的媒体。

二、人工智能时代新闻从业者的时空调适与身份协商[①]

近年来，随着社交媒体、平台型媒体的崛起和人工智能技术的发展，特别是以 ChatGPT 为代表的生成式人工智能应用的面世，新闻业的格局和运行逻辑正在悄然发生深刻变化。无论是文字报道等结构化写作，还是内容推荐、文章润色等辅助性写作，甚至交互式文本写作、跨模态内容生成，诸般应用场景预示着重构新闻业务流程和人机关系的可能。在整个行业思索如何加快数字化、智能化转型之际，作为内容生产的主要承担者，传统新闻机构与职业媒体人如何看待自身的主体性，如何建构人工智能时代媒体人的专业权威和职业认同，这种基于个体视角的认知和话语实践相比传统媒体时代更具有独特之处，值得细致剖析。

当前，传播学界对于人工智能议题的讨论多集中于技术创新引发的行业变革和应对方略，对身处行业剧变的从业者个体的职业认知未给予充分重视，在阐释具体语境下的新闻创新在地性实践方面亦存在

---

① 原载《青年记者》2023年12月上（总第763期），原题为《人工智能时代新闻从业者的身份协商：基于行动者网络的视角》，作者为张淑玲。

不足。本节以新闻行动者网络理论为分析透镜，引入"脱嵌－回嵌"概念，探析人工智能时代新闻从业者的时空转换与边界协商策略。在关注技术要素如何重塑数字新闻实践的同时，为深入理解新闻创新语境下中国新闻职业话语体系提供新的思考方向。

（一）新闻行动者网络视角下的多元行动者

行动者网络理论是以布鲁诺·拉图尔为代表的巴黎学派学者提出的科学实践建构论，作为一种重新解读社会的认识论资源而备受关注[①]。根据这一理论，社会充斥着由多样性物质构成的各种复杂网络，蕴含着多种因素相互交织所结成的异质性关联。身处其中的行动者不止局限于人，还包括由物构成的行动体。网络中不仅包括人与人的关系，也涉及主体与客体、物与物的复杂关联。行动者之间存在着深刻的异质性和杂糅性。这种视角突破了非此即彼的二元思维，拓宽了新闻创新研究的格局和视野。

受其启发，国内研究者将新闻创新放置于具体的、独特的在地性实践中检视，探究新闻生产创新的动力源和内在机制[②]。因循这一思路，本节将处于数字化、智能化转型中的新闻场域视为由各类行动者组成的复杂的、充满可能性的异质性网络，其中既有记者、编辑、决策层和管理层，也涉及编辑部的内外空间、电脑、手机、数据库和平台基础设施。液态的职业共同体中[③]，不仅有传统新闻社群中的媒体人、自

---

①　拉图尔.科学在行动：怎样在社会中跟随科学家和工程师[M].刘文旋、郑开，译.上海：东方出版社，2005.

②　王辰瑶，喻贤璐.编辑部创新机制研究：以三份日报的"微新闻生产"为考察对象[J].新闻记者，2016（3）：10-20.

③　周睿鸣，徐煜，李先知.液态的连接：理解职业共同体——对百余位中国新闻从业者的深度访谈[J].新闻与传播研究，2018（7）：27-48，126-127.

媒体人等职业活动主体，还涌现出算法、机器人记者等新兴主体①。作为一种现象级应用，ChatGPT因其较高的人机理解交互水平和高拟真度逐步嵌入新闻行动者网络。网络结构的分化、多元相应带来行动者身份碰撞、职业认知泛化乃至认同虚化等问题。

基于此，本节试图回答以下问题：在媒体数字化、智能化转型的变革语境中，身处其中的职业媒体人生产实践出现了哪些新的职业常规？这些新常规如何与原有的惯习相互交织，形塑从业者的身份认知和专业权威？一贯以专业话语及实践行动来构筑正当性的传统新闻社群又是如何看待生成式人工智能等技术力量入场的？

对上述问题的思考实质上涉及新闻主客体等元理论问题。实际上，当新闻业遭遇外部变动而呈现出多变的、情境化的实践样态时，建构并重塑新闻人作为网络核心行动者的价值意义，不仅体现在新闻文本层面，更体现在这些主体的定义管理、边界讨论和正当性建构话语中，这种围绕自身专业性和权威性开展的边界协商构成了丰富的元新闻话语资料。因此，本节以我国媒体从业者针对数字化转型以及智能内容生成技术展开的讨论、评论为分析对象，将行动者网络理论放置在当下数字传播技术与新闻业融合的时空脉络中，透过元新闻话语分析审视专业媒体人的意义生产和话语实践。

（二）脱嵌：对共时、共地的穿越

研究发现，围绕人工智能时代新闻业的整体性变革和从业者模糊、泛化的职业身份，行动者网络中交织着多重话语。作为行动者主体的职业媒体人试图脱离数字化转型过程中的时间卷入，突破物理空间的

---

① 杨保军，李泓江.论算法新闻中的主体关系[J].编辑之友，2019（8）：5-11.

制约，从既有的行动者网络中挣脱出来，呈现出一定的抽离化或称"脱嵌"的状态。

1. 时间卷入

时效性一向被视为新闻生产的关键，是新闻从业者所仰赖的专业资源。随着数字技术全方位嵌入和改造着新闻信息采集、生产和传播的整个过程，特别是社交媒体上互联网用户对即时讯息的需求，媒体外部同行之间乃至新闻机构内部以抢发、首发为目标的竞争日趋激烈，导致传统的新闻生产周期被压缩，截稿时间不断提前。相应地，从业者的新闻生产实践在时间层面呈现为节奏提速、时间拉长的特征[①]。

随着生产节奏和工作量的变化，从业者的时间观从以往的"耐下心来打磨内容"转变为"分秒必争、来不及精雕细琢"，整体上呈现出一种因不确定时间和角色切换而产生的时不我待的焦虑。在传统的新闻生产实践中，媒体对速度的追求主要体现在同行之间争取独家新闻的较量。在当前媒体融合不断向纵深推进的背景下，新闻写作及处理程序的计算机化在为新闻报道贴近实时给予技术可供性的同时，也解构并重塑了新闻业的时间结构。

一方面，"尽快发布"成为互联网平台思维映射下新闻从业者群体中较为普遍的观念。与新闻机构在大众传播时期通行的周期性节律不同，记者和编辑的截稿时间变得游移不定。这种无形的提速压力在媒体内部多平台供稿的角色交替中又被进一步放大。从业者不得不"学着怎么打组合拳"，一人分饰多角地满足报纸端、新媒体端等不同平台

---

① 王海燕. 加速的新闻：数字化环境下新闻工作的时间性变化及影响[J]. 新闻与传播研究，2019（10）：36-54，127.

的生产需求和叙事风格转换，在求新求快与报道准确性、内容深度的矛盾与张力中寻找现实与理想之间的平衡点。例如，以前一个记者只能操作一台机器，出一个镜；现在有六路信号，通过5G网络，实时传输到后台，六个网络平台同步进行直播……在采访资源有限的情况下，一个记者可以当六个记者用，这个在以前是难以想象的。"①

另一方面，随着新闻出版周期的缩短和报道更新频次的增加，记者和编辑的工作时段亦被无限拉长，休假不休稿是常态，大家从来不会因为休假耽误工作。而且，他们几乎可以说是"长"在手机上，无论什么时候发微信他们都能秒回。始终在线的微信工作群以及"秒回"工作群指令的期待不仅制造出随时待命的紧张感，也模糊了工作与私人生活的界限。这种对即时与效能的追求实际上是从业者对标互联网信息传播速度和平台文化进行的有意识的节律调整，体现了新闻业数字化改造过程中生产流程的加速和工作常规的变化。

在这种情况下，新闻不再作为一种定型成品而存在，而是呈现为一种持续更新的产品形态。与此同时，从业者也表现出对这种迅捷、即时的时间观以及新闻生产节奏提速的自反性，认为这种即时性观念"令人浅尝辄止"，"忽略掉对不少社会议题的深度讨论"。在微信工作群互动中，从业者会根据指派任务与个体工作职责的相关性，适时采取静默或延迟回复的策略，以相应获得一定的工作弹性和自主性②。

---

① 人工智能机器人上"两会"，编辑记者的饭碗还保得住吗？[EB/OL].（2017-03-10）[2022-02-03]. https://www.sohu.com/a/128501884_115420.

② 王敏. 数字新闻生产中的编辑室控制：基于对媒体从业者微信使用的田野观察[J].现代传播（中国传媒大学学报），2022（8）：1-10.

2. 空间迁离

在传统意义上，以有形的实体建筑为载体的新闻编辑部为新闻产制活动提供了空间资源，也构筑了研究者理解新闻组织文化和报道常规的田野场所。随着传播技术的变革和移动社交平台的介入，原有的实体编辑部发生了空间维度的迁离，新闻生产已经不再固化于绝对空间的采编场所，而是转移到以手机、便携式电脑等移动智能终端为支持的、以数字联结而存续的线上流动空间。这种空间结构上的转型实际上是变化中的行业图景的映射。

具体到中国的新闻行动者网络，从业者经历了疫情防控期间在线办公的磨合和适应过程，新闻产制活动逐步嵌入线上移动场景。以微信为代表的移动社交平台构成了从业者的流动生产空间，为媒介组织内部交流和互动提供了永久在线的场所。在智能化编辑部的规范性愿景中，从业者群体多以一种务实的平台切换策略建构不同程度的在场方式，重新定义媒体制度化运作的文化意义。

在以数字技术联结的泛在的线上空间，新闻行动者网络的边界亦在悄然延展。从业者由线下编辑部空间的经验依赖逐渐转为线上空间的信息依赖。在即时通信软件和移动技术的赋能下，从业者可以突破物理空间的限制，实现与新闻信源和受众的远程互动，减少了因实地外出采访而产生的物理位移和时间耗损，提升了新闻机构的生产效率。从这个意义上讲，编辑部智能化程度取决于能在多大程度减少从业者的重复和低效率劳动，让从业者专心做新闻[1]。

与此同时，在线新闻生产催生了一种无形的编辑部控制，从业者受制于无处不在的压力网络，工作场所与个人空间、劳动与闲暇的区

---

[1]　李俊.“人工智能”不能替记者做什么[J].中国记者，2018（7）：21-23.

隔不复存在，劳动压力和工作强度牢牢束缚着个体从业者[①]。由是观之，新闻生产常规也在移动设备的介入下不断被再组织、协商与建构。无论是否身在编辑部，以在线方式"时刻准备着"已经成为一种心照不宣的职业习惯，记者、编辑与部门管理层经常性保持通信软件联系，甚至包括乘坐地铁或公交的通勤场景[②]。

在移动化的办公场景中，新闻报道的生产要素和内部层级的互动关系随之被挪移到扁平化的流动网络。微信工作群作为"虚拟编辑部"不仅是传统编辑部会议的线上延伸，还叠加新闻组织内部人际互动的功能[③]。通过在线互动中灵活调用表情包等非文字符号资源与上级沟通，新闻组织内部的协作惯例得以不断协商和调适，从而形塑了一个高度流动、节点相连的行动者关系网络。

（三）回嵌：新闻人与人工智能的身份协商

随着新闻生产常规和实践样态的诸多变化，以人工智能为代表的技术力量强化了新闻业自动化和智能化转向的趋势，亦将算法、算力等智能体带进了新闻行动者网络。面对新加入网络的这支强大生力军，作为既有行动者的传统媒体人试图通过划界工作来阐释人工智能这一边界客体，通过话语实践夺回对新闻职业社群的定义控制权，重塑专业自主权威。

1.行使定义权：对人工智能的意义赋予

研究显示，在当下中国新闻职业社群的话语实践中，"唯智能机器

---

① 冯建华.记者权益保护的时空维度[J].现代传播（中国传媒大学学报），2021（8）：62-65.

② 王昀，张逸凡.即刻联结与流动"办公"：通勤情境中的新闻从业者及其生产实践[J].新闻记者，2022（7）：33-44.

③ 王敏.数字新闻生产中的编辑室控制：基于对媒体从业者微信使用的田野观察[J].现代传播（中国传媒大学学报），2022（8）：1-10.

论"并不多见，多数从业者对生成式人工智能的认知相对理智和客观。传统新闻机构和媒体人主要从技术的工具性、技术的社会想象以及身份性质三个方面对人工智能进行定义。

一部分持乐观态度的从业者将人工智能视为一种增强型的技术工具，可使媒体人提高工作效率，让他们有更多时间花在人类更擅长的事情上，为新闻报道创新赢得时间。人工智能对专家的劳动进行补充，使专家高效。人工智能将替代记者做枯燥的重复性工作，节省记者和编辑的工作，帮助他们专注于更有价值的任务。机器自动生成的报道在数量和准确性方面在不久的将来也许会超过人类，典型的例子是财经领域的公司业绩报道或各类赛事和体育新闻。从这个意义上讲，人工智能还是一项工具，在新闻领域可以作为人类工作的补充而存在。

当然，也有部分从业者从技术的社会想象出发，强调技术对媒体人的解放作用，认为人工智能不仅可以支持记者发现新故事和新闻素材，也可赋能新闻记者和编辑，具有解放性的边界扩张潜力。比如调用机器人和无人机在战区作业或于危险的环境中收集数据，可以降低记者的生命风险。又如，在社交和算法等新型逻辑下开展的自动化事实核查，有助于完善新闻事实核查，防止虚假信息的传播，提高报道的可信度和媒体的公信力。智能技术在内容分发环节的高效和精准化也被从业者积极评价，并被新闻社群归为数字新闻生产创新实践。

媒体人对人工智能这一边界客体的身份性质进行了界定，主要体现为两种截然不同的评价态度。第一种观点认为，以ChatGPT为代表的大模型在海量参数的支持下显示出强大的技术能力，并且表现出前所未有的智能特征。根据输入语句，ChatGPT会使用来自人类反馈的强化学习进行训练。所包含的主题数据也更多，这意味着它处理小众主题的能力更强。从智能化水平看，ChatGPT不仅大幅提升了对用户意图的理解，还能够支持连续多轮对话、主动承认自身错误、质疑不正确的问题，甚至承认自身专业技术知识的匮乏，这些特质在从业者看来将极大提升对话交互模式下的用户体验[①]。

第二种观点则相对审慎，认为人工智能仍处在技术内容时代的初期阶段，应用于媒体内容生产环节的技术本身仍不成熟，与媒体的结合才刚刚起步，和所有新生事物一样亟须完善。这种不成熟体现为人工智能可能引致诸多未预的衍生问题。例如，不法分子利用人工智能对图片、音频甚至视频深度伪造，一旦采用则导致新闻内容来源不真实[②]。人工智能工具还有一个令人不安的习惯，那就是掩盖信息来源，并以对准确答案的同样自信的态度来展示极度错误的信息，因此有很大的可能出现错误信息，更不用说蓄意滥用的危险了[③]。多家传统新闻机构和多位媒体人频繁提示版权、伦理、安全等方面的问题。例如，在技术内容时代，媒体基于内容生产的需要，力求拥有海量数据，这就极易造成信息乃至隐私泄露；再如，由于算法设计不当，会导致不当新闻内容等[④]。

2.锚定新闻规范：与人工智能的区隔划界

研究表明，在生成式人工智能这一新兴力量介入新闻实践活动之

---

① 方兴东，顾烨烨，钟祥铭.ChatGPT的传播革命是如何发生的？：解析社交媒体主导权的终结与智能媒体的崛起[J].现代出版，2023（2）：33-50.

② 李俊."人工智能"不能替记者做什么[J].中国记者，2018（7）：21-23.

③ 黄晓勇.AIGC来了！新闻人警觉起来[N].中国新闻出版广电报，2023-04-04（A6）.

④ 邵晓晖.技术内容时代：人工智能赋能媒体内容生产场景解析[J].中国广播影视，2020（12）：88-91.

后，传统新闻社群意识到自身处于与人工智能共在共处的异质性网络，并预感到来自职业"他者"的竞争和挑战。为此，媒体人纷纷调用新闻规范话语对人工智能、自动化写作与记者、编辑的新闻实践进行区隔，试图维护其在行动者网络中的中心地位和专业权威。

针对生成式人工智能是否具备新闻实践正当性的问题，作为阐释社群的职业媒体人锚定新闻真实性、客观性、新闻价值等专业主义信念，以其作为符号资源消解人工智能的新闻实践正当性。研究显示，多位媒体人在ChatGPT上线后均付诸亲身体验，通过与机器人互动聊天并测评生成的内容，而后在抖音、微信公众号、微博平台上加以展示或发布评论。这种行动本身实际上是传统新闻社群就行动者网络中的"闯入者"开展的边界划定工作。基于与机器聊天互动所产生的亲身体验和对机器生成文本的评价，从业者进一步调用新闻专业主义话语对生成式人工智能的实践正当性加以判定。例如，测试结果表明，ChatGPT的新闻报道只有存量内容，没有增量信息，新闻写作能力尚显幼稚，难以挖掘新闻价值，特别是对新闻真实性难以把握[1]。准确性是新闻业的核心价值，对于人工智能系统和机器学习系统，存在不确定性的统计因素，这意味着不可能保证100%的准确性。在新闻价值判断和公共性坚守方面，ChatGPT的价值观是OpenAI公司自身理解的人类价值观。众多中国网民曾用带有倾向性的问句测试其回答，发现和我国的主流价值观有明显差异[2]。

一些传统媒体人将生成式人工智能描述为"缺乏思辨性，没有在

　　① 邵晓晖. 技术内容时代：人工智能赋能媒体内容生产场景解析[J]. 中国广播影视，2020（12）：88-91.

　　② 黄晓勇. AIGC来了！新闻人警觉起来[N]. 中国新闻出版广电报，2023-04-04（A6）.

场，没有原创，无法完成深度报道、人物特写、新闻评论等需要创造性思维的体裁。有媒体人指出，新闻职业能力具体体现在策、采、写、编、评、摄、导、录、播各个环节，而ChatGPT不会跑，它只是计算机程序，不会现场采访，不会现场报道，不会写深度报道，内容缺乏深度①。通过强调生成式人工智能与记者、编辑的实践差异，实现对双方职业身份的区隔和划界。

在划界工作中，大量的媒体人公开或半公开的话语阐释迅速引起了公众对于人工智能伦理问题的关注，话题的热度持续不下，包括出版业、影视业在内的各方力量受到影响，共同参与到保护自身利益的划界工作中。ChatGPT上线后的短短数月，我国首部《生成式人工智能服务管理暂行办法》正式发布，对生成式人工智能的透明性、数据处理的合法性和数据主体的权利保障等划定红线，规定利用生成式人工智能产品提供聊天和文本、图像、声音生成等服务，须承担"内容生产者"责任，训练数据以及生成内容均应真实准确。由此，传统新闻社群在话语阐释之外，综合运用法律和社会动员等手段，在监管力量的助推下开展了边界划定和保护新闻自主性的活动。

3.强调人的不可替代性：维护新闻职业权威

随着生成式人工智能跻身内容生产领域，由于其背靠超大规模数据以及拥有逼近于人类的复杂的自主思维能力，新闻从业者群体或隐或显地存在着"这回狼终于来了"的不安。关于人工智能是否威胁从业人员的职业道路乃至替代媒体人的讨论再度泛起，部分媒体人直言："ChatGPT 6分30秒完成了我的4个选题！记者又要失业了？""部分人被淘汰不可避免"。

---

① 人工智能2019：一边赋能媒体，一边掀起争议[EB/OL].（2020–01–08）[2022–08–01]. https：//www.shukeb.com/News/64d6f199f6884623b283dc29d2f12642.html.

危机话语再度主导媒体人的职业认知，例如，"在新闻行业，人工智能不仅带来AI这一只'狼'，新闻工作者周围早就是'群狼环伺'了。"这种隐喻折射出从业者对生成式人工智能的敬畏或恐惧心态，认为智能技术驱动下的新闻职业前景不容乐观，如"我不认为目前的技术框架可以直接导致好或坏，重点是未来仍然晦暗不明，我们该如何塑造未来？"①

与此同时，一些传统媒体从业者直接表达了对人工智能无法独立从事新闻生产实践的判断。如"以今天的技术视野来看，人工智能至少无法替代记者做三件事：无法替代记者开展调研，那些带露珠、有生机的故事机器发现不了，也感知不到；无法替代记者撰写万字长文，那些有思想、有灵魂的镇版之作机器想不到，也写不出……那些感人肺腑、充满想象的刷屏之作机器做梦也拍不出来"②。即便使用AI写作工具，媒体工作还是需要人工介入修改和编辑，才能确保其质量和准确性。

新闻行动者网络的中心节点仍将是那些受过新闻业务的专门训练、具备深厚职业素养的编辑和记者。让生成式AI发挥什么作用，用在什么地方，符合什么目的，这些都是由人来决定的。换言之，人仍应是居于行动者网络中心的生产主导者、内容把关者和最终审核者。由此，传统媒体社群试图通过强调新闻人的主体性和不可替代性对行动者网络的位置关系和结构格局加以划定，维系自身的专业性和文化权威。

4.以变化对抗变化：以网络的思维淡化边界

面对人工智能的崛起和行业的急速变迁，为数不少的从业者已经意识到新的信息技术革命浪潮势不可当，承认智能技术的优势及其对

---

① 人工智能2019：一边赋能媒体，一边掀起争议[EB/OL].（2020-01-08）[2022-08-01]. https://www.shukeb.com/News/64d6f199f6884623b283dc29d2f12642.html.

② 李俊."人工智能"不能替记者做什么[J].中国记者，2018（7）：21-23.

新闻生产常规与惯习的影响，并开始寻找传统新闻社群与智能化技术之间的平衡点。对此，从业者普遍运用的话语策略是"与其竞争不如进行合作，这是人类新闻业正确的选择"。

第一种声音表达了媒体人身处多元、复杂行动者网络的无奈和身不由己。不少从业者已经警醒地意识到简单的信息处理工作创造性以及创新度不高，必将被人工智能取代，倒逼他们思考如何夯实自身在行动者网络中的位置。从业者提到，作为创作者的人类依然有最独特的价值，因而要不断提升自己对新闻事件的分析、评析能力，或者成为某个领域的专家型记者，或成为十八般武艺样样精通的全媒型人才。同时，要加强新闻报道的人文关怀，见识、判断、创意、情感才是专业媒体人的不可替代之处。

相比之下，第二种声音显得更为从容积极，强调因势而变，逐步定位人类记者和编辑在网络中的角色与位置，与智能工具共生共成长。这种观点侧重于认为AI写作工具在媒体行业中的应用将为行动者带来更多机遇。虽然部分工作岗位可能消失，但也会创造新的岗位，如计算科学记者、编辑室工具经理和人工智能道德编辑等，从而拓宽新闻行动者网络的边界。一部分媒体人运用以全媒体融合、智能化转型为核心的话语表现出淡化边界的态度，以适应新的媒介环境与网络竞争格局。全媒体时代的新闻工作要在可听、可看、可视、可互动、可分享、可体验的全能编辑部之路上加速奔跑。这一切，正是人工智能可以大显身手的领域[①]。传统新闻社群中的一部分行动者通过合作、转型的话语阐释来协商自身在网络中的位置，并通过淡化边界的话语策略相应地进行职业身份调适和建构。

---

① 李俊."人工智能"不能替记者做什么[J].中国记者，2018（7）：21-23.

（四）结语

本节以行动者网络作为理论资源，引入"脱嵌－回嵌"概念，通过元新闻话语分析探讨人工智能时代新闻从业者的时空调试和身份协商策略。研究发现，在新闻生产常规层面，新闻从业者在时空维度呈现出一定的抽离化或称"脱嵌"的状态。而伴随以生成式人工智能为代表的边界客体强势入场，作为既有行动者的传统新闻社群通过话语实践展开划界工作，试图"回嵌"到异质复杂的行动者网络，夺回对新闻职业社群的定义控制权并重塑专业权威。

透过元新闻话语分析审视专业媒体人的话语实践和划界工作，可以发现，无论是时空维度上对传统新闻生产常规的脱嵌，还是职业新闻社群在身份认同与专业价值上的回嵌，都是新闻从业者面对人工智能时代多元复杂的网络结构，从原有惯习迈向新的职业常规的时空调适，也是其应对认同危机、在异质性网络中重塑自身专业权威的策略性选择。这种划界工作并不必然表现为整齐划一的步调和声量，也不会固守一成不变的策略，而是在特定时期和阶段的情境权衡中，以"脱嵌－回嵌"的权宜应变之策争取网络中的优势位置和资本分配，调用相应的话语阐释范式进行边界的维护和职业身份的协商。

三、人工智能时代新闻传播教育的转型路径[①]

随着技术的迭代变迁，人工智能技术与新闻业的深度融合引起了

---

① 原载《中国新闻出版广电报》第8049期第八版，2023-09-12，原题为《新闻传播教育要向智能化转向》，作者为张淑玲。

广泛关注，围绕人工智能是否会取代人类工作者的讨论日益增多。相应地，针对如何从传统的新闻教育理念向人工智能时代的数字化教育理念转型、新闻传播教育如何与人工智能技术深度融合这些问题的思考变得愈加具有现实紧迫性和指导意义。

（一）研究现状

早在1987年，国外学者就已经敏锐地注意到人工智能技术在特殊教育中的应用。此后，随着自然语言处理（NLP）技术和对话建模技术的发展和不断优化，针对高等教育中的智能写作评分系统、智能教学系统、机辅写作等方面的研究也呈现蓬勃发展的势头。总体上来看，现有研究多聚焦于高等教育的大环境变革以及包括智慧教室在内的智能教育系统的搭建问题，讨论新闻传播教育这一细分领域的成果尚不多见。

随着自然语言处理技术广泛应用于新闻传播业务，包括美联社、新华社在内的新闻机构已经开始在新闻素材收集、新闻制作到发布的生产流程中使用人工智能技术，实现了自动报道、图像识别和实时转录。作为自然语言处理技术的升级形式，OpenAI开发的大型语言模型——生成性预训练转化器（ChatGPT）能够读写文本，经过训练可以对自然语言输入产生类似人类的反应，并且通过机器学习不断提高能力，实时产生与它所收到的输入高度一致和相关的回应。由于其先进的语言处理能力，ChatGPT经常被用于聊天机器人和其他应用中。

围绕人工智能在教育领域的实际应用和潜在影响，国内学者提出，人工智能时代的高等院校人才培养可以从"技术替代""功能提升""模式修正""系统再造"四个方面展开。要适应这种变化，传媒专业的师资力量也需要进行智媒化转型。ChatGPT作为人工智能技术驱动的信息获取利器，有助于提高大学生的学习效率和研究产出，但也可能影响高等教育评价。由于人工智能技术应用于教育领域的时间尚短，人工智能与新闻传播教育融合发展仍待进一步的学理探讨。

在现有研究成果的基础上，本节从媒介可供性理论的视角出发，试图理解技术在媒介生态系统中的角色和影响，重新思考环境与主体、技术与人之间的关系。基于在媒介一种或多种特定或潜在特性或功能的影响下，行动者能够感知到的可以使用某种媒介展开行动的互补性关系这一概念，本节试图回答以下问题：随着新闻业态的传统格局被不断颠覆和重构，如何培养适应这种全新新闻生态的未来新闻传播人才？人工智能技术如何融入高等院校的新闻传播教育？具体的实现路径有哪些？

（二）智能化转向：人工智能时代新闻传播教育的理念转型

人工智能与新闻生产深度融合后，将极大地提高新闻报道作品的时效性、可看性以及用户的卷入度。只要具备了真实的新闻视频素材，在人工智能技术的赋能和加持下，算法就可以按照新闻报道要素和新闻价值判断的基本准则，完成新闻稿的即时撰写。然后由虚拟主播进行多种场景下的实时播报。在这种应用场景下，传统的新闻摄像、撰稿和播报的流程化操作将发生根本性的变革，一个开放多元的、去科层化、去编辑部中心的时代即将到来。

与此同时，通过 AI 的深度学习和心智能力积累，数字化诗人和非虚构写作领域的现状也将被深度改写。通过精细化捕捉数字痕迹和海量数据的投喂式预训练，机器智能也将发展到具备独立完成文学艺术作品、非虚构写作的创造性能力。在这个过程中，人与机器的主体间性不容忽略，机器将拥有类似人类记者的自我意识，甚至可能创造出另一套不同于人类的表意体系。相应地，以固定格式模板出现的硬新闻报道最有可能为人工智能所模仿和替代，这无疑将对文字记者、部分视频编辑、编译人员和媒体机构内部的管理模式形成巨大冲击。

随着人工智能技术与新闻生产的深度融合，传媒教育领域开始思考如何培养适应人工智能时代新闻生产要求的专业人才，如何将智能生产的专业知识、伦理规范和专业规范建立起来。与传统的新闻教学方法相比，人工智能背景下的新媒体教学将更多地采用虚拟仿真技术。新闻教学活动中搭建的虚拟仿真实验室，主要体现了平台化的思路和理念，以多模态搭建在线采访、文字处理、视频制作的全媒体生态平台。纵向有零有整，既有单纯技能的训练也有综合能力的培养；横向覆盖全面，以培养全能型新闻工作者为目标；空间上博采众长，不同地域的高校发挥各自专业的特长；时间上释放可能，努力实现随时随地满足学生的实验需求的目标。

（三）培育 AI 素养：人工智能时代新闻传播人才培养的实现路径

除了充分挖掘算法、虚拟现实、增强现实等智能技术带来的媒介可供性，目前我国的高等院校国际传播教育还需要切实推进教学理念和人才培养目标的转型。目前虽然有少数院校开设了人工智能相关课程，向着智能化转向迈出了第一步，但基本仍停留在标签式、挂牌式的浅层关联上，师生多数将人工智能知识理解为辅助性的技术应用工具，距离以数字化、智能化思维培养兼具数字技术与新闻传播专业知识的复合型人才目标仍有较大差距。

笔者认为，我国高等院校在教学理念和培养方向上应该以智能思维为重要导向，着眼于满足未来的人工智能时代的人才需求，着眼于适应时代发展和技术迭代升级的高端智慧人才的培养目标，在推动学科发展和创新的同时，持续输出拔尖新闻传播人才。具体来看，可从以下三个关键方面培育面向未来的国际传播人才 AI 素养。

一是构建传播学专业方向师生关于人工智能技术的知识架构，包括一般性的技术原理和对 AI 核心价值的理解。由伦敦政治经济学院（LSE）牵头发起的一项新闻业调查显示，全球范围内的新闻从业者中，存在着显著的人工智能知识匮乏的问题。多数记者对人工智能领域了解甚少。虽然这种知识鸿沟有望逐渐缩小，但在当前人工智能技术快速融入媒体领域后，新闻职业群体的适应速度和对语言处理、大数据、算法和计算思维的认知和理解能力都面临着巨大挑战。

当前，已经有不少新闻院系开设了数据新闻课程，希望通过数据分析和可视化效果定期发布数据新闻作品，优秀的团队作品还可以被推荐参评各类国际国内数据新闻奖项。在某些国外高校中，开设了数据新闻培养项目，并邀请具有深厚技术背景和计算机基础的教师执教，以加强对学生数据采集和信息技术处理能力的培养。这些尝试有效地增进了学生对数据、对信息技术的认知，也提高了学生的实务操作能力，值得深入学习借鉴。

二是利用人工智能相关技术从事具体新闻采编业务的能力。在人工智能技术相关应用持续扩大、技术愈加成熟的智媒时代，新闻的信息采集、选题策划、内容生成、事实核查、分发、接收和用户反馈等核心环节都将向着智能化、集约化的方向发展。作为行动者主体的新闻从业者如何适应新闻采编模式的变化，并利用人工智能技术将是未来传播人才竞争的关键。通过搭建数字化、智能化平台，培养学生能利用人工智能技术的支持，扩展传统的信息采集和新闻采编模式，扩展新闻信源。人工智能技术基于对不同平台数据的深层挖掘，搜索网络中的各种热点事件和用户关注点，可以辅助内容生产者获得独家选题视角。

不仅如此，物联网技术、传感器、虚拟现实、增强现实等技术也有助于新闻采集和生成任务的完成，实现对变化中的信息的实时监测和获取。国内多家主流媒体已经相继尝试利用机器人自动生成新闻内容。因此，培养学生对人工智能技术的使用能力，将是提升新闻传播专业知识与实操能力的基础性要求。特别是在面对复杂的信息环境时，学生能够创造性地使用技术，具有认知迁移能力尤为关键。

三是形成对 AI 伦理和技术隐患进行批判性思考的能力。在信息爆炸的时代背景中，未来的新闻从业者面临的问题不再是数据匮乏的烦恼，而是如何提取有价值的可用信息。因此，高等院校应该重视学生从海量信息中准确搜寻、提取数据及辨别数据质量的素养培养学生具备人工智能时代的信息把关能力，同时也对我国高校传媒教育工作者的算法和计算思维能力提出了更高的要求。

此外，以机器算法为基础的人工智能技术，在即时编写新闻的同时，存在内容单一和模式化的短板，其中的个性化特征有所欠缺。这其实也给未来的新闻从业者提供了重要的差异化发展契机，即生产个性化、情感化、有温度的媒体内容仍将是人类记者的专长和优势，应该有效把握。尤其是在价值观引领和社会主义核心价值观塑造方面，仍然离不开专业记者把关。因此，在人工智能融入新闻教育的过程中，要遵从新闻传播规律，并且利用技术释放新闻传播教育的学科特色，契合"双一流"建设的学科方向特点。

（四）结语

在整个社会对智能技术的可供性抱有强烈期待的背景下，我国高校的新闻传播教育业也应该实现由被动适应到主动应用、从浅层了解到深度融合的跨越。新时期的新闻传播教育者、高等院校教学管理者应该思索如何顺应并引领智慧教育的未来发展。从以实务操作为主的传统新闻传播教学理念，向数字化、智能化的智媒时代教育理念转型，注重培养学生的 AI 思维，逐步推进新闻传播教育与人工智能技术的深度融合，使其成为顺应行业发展需求、面向未来的国际传播和新闻事业拔尖人才。

—— 第六章 ——

数字新闻学研究的未来进路

本章笔者将先简要总结本书前几章的主要内容。然后讨论数字新闻学研究与新闻创新的关系，讨论的主要议题是学术研究是否应为新闻行业服务或与新闻行业相关。在本书的最后，笔者将尝试勾勒数字新闻学的未来研究方向。

一、本书内容回顾和总结

本书对1999年以来数字新闻学研究领域的成果和现状进行了多维度的分析。第一章基于知识社会学的视角，采用文献计量学分析方法，对1999年到2023年发表的数字新闻学研究文献进行分析，客观探究国际学术界数字新闻学研究的现状、热点，从中寻找这一新兴学术领域未来研究方向。总体来看，全球数字新闻学研究已经取得较为丰硕的成果，并处于蓄力发展阶段。现有的相关成果反映出学界在新的技术条件下反思和发展经典新闻学理论的学术自觉，已为未来的理论深化完善奠定了坚实的经验基础。数字新闻学研究具有明显的跨学科性质。从这种本体论的层面出发，未来研究应该以互嵌共融的视角构建数字新闻学体系，深入考察新闻性、数字性以及以新闻为中介的不同参与主体的相互作用。

第二章探讨了目前关于如何定义数字新闻和数字新闻学的学术争论。作为一种选择、解释、编辑和传播公共信息的现象和实践，数字新闻与数字技术相关联，并与用户有着天然的共生关系。它并非新闻的一个子类型，而是数字技术生态下的新闻本身。理论在数字新闻学领域的统领作用十分重要，本章梳理了数字新闻学研究中的常见理论以及它们如何有助于理解数字新闻。

第三章重点阐释了近年来数字新闻学领域的新兴方法。

第四章集中讨论了在中国本土化实践语境下数字新闻学的核心议题，特别是对数字新闻、算法新闻等日新月异的数字新闻样态的讨论，因为这些新的新闻样态在反复考验并挑战真实、客观、公共性等经典新闻学概念。

第五章以创新为研究出发点，从数字技术、从业者的时间调试和身份协商和新闻传播教育转型的三个视角讨论了数字时代的新闻实践转向。在第五章第一节中，作为前沿信息科技与新闻业融合发展的产物，新兴区块链媒体在对现有的新闻生态系统启动破坏性创新的同时，也面临去中心化理念与媒体专业权威、市场导向与新闻公共服务理念之间的张力，其采纳和扩散进程受制于兼容性欠缺、复杂度过高以及可试性不足等瓶颈问题，存在"天花板效应"和潜在风险，不能取代传统主流媒体和现有社交网络产品。未来的衍化路径很大程度上取决于初创媒体的破坏性定位以及技术与商业模式的协同创新。

第五章第二节以行动者网络作为理论资源，引入"脱嵌－回嵌"概念，通过元新闻话语分析探讨人工智能时代新闻从业者的时空调试和身份协商策略。研究发现，在新闻生产常规层面，新闻从业者在时空维度呈现出一定的抽离化或称"脱嵌"的状态。而伴随以生成式人工智能为代表的边界客体强势入场，作为既有行动者的传统新闻社群通过话语实践展开划界工作，试图"回嵌"到异质复杂的行动者网络中，夺回对新闻职业社群的定义控制权并重塑专业权威。

相应地，如何从传统的新闻教育理念向人工智能时代的数字化教育理念转型、新闻传播教学以及人才培养如何与人工智能技术深度融合，针对这些问题的思考变得愈加具有现实紧迫性和指导意义。第五章第三节基于媒介可供性的理论视角，将人工智能视为动态的、成长性的媒介加以讨论，以理性思辨的方法，分别从关系的视角和过程的视角探讨智能化媒体时代生成式人工智能对新闻传播教育理念和培养路径的影响，并在此基础上提出培养新时代传播人才智能素养的探索路径。研究认为，要构建传播学专业方向师生关于人工智能技术的知识架构，培养利用人工智能相关技术从事具体新闻采编业务的能力，同时要注重培养学生对人工智能应用的伦理规范进行批判性思考的能力。此外，以机器算法为基础的人工智能技术存在内容单一和模式化的短板，其中的个性化特征有所欠缺。这给未来的新闻从业者提供了重要的差异化发展契机。从这个意义上来讲，不仅扩大了媒介可供性理论的延展空间，也为高校新闻传播教育应对数字技术变迁提供了学理和实践两个层面的深入思考。

二、数字新闻学的研究范式转向

美国知名学者克里斯坦森提出的颠覆性创新理论不仅是商业创新和管理领域的奠基性理论，同时也对新闻业和数字新闻学术研究产生了深刻影响。从本质上说，新闻创新属于一种解构式话语，它不仅是主导数字新闻学研究的一种话语，而且能够有效勾连和融通社会变迁、新闻业演变和学术知识生产三个维度。在这里，社会变迁是指影响（新闻）机构并与之产生关联的全球、国家和地方性变化。新闻业演变包括新闻机构和新闻传播现象在社会中的作用和发展，涉及新闻生产实践、信息服务、新闻职业和新闻产品等多个面向。学术研究指的是涉及知识生产的认识论实践。

　　无论从实践需要还是话语阐释的角度来看，数字新闻业都有一种解构的冲动，解构和重构成为数字新闻业和数字新闻学研究的重要标志。特别是在数字新闻学研究的学术话语中，解构意味着研究者试图重新定义记者、新闻业、新闻和新闻媒体等经典的新闻学核心概念。

　　然而，学术界的这种解构冲动并不是在真空中出现的，学者们一再为他们的研究寻求合法性。近年来，数字化和移动社交深刻影响着全球的新闻业态和用户群体的新闻体验。新闻机构为提升平台影响力做出了巨大的努力，研究人员也对此给予了密切关注。内容生产创作已经从新闻业中分离出来，新闻仪式越来越多地超越了新闻的生产、传播和消费，出现了替代新闻媒体、假新闻网站和非新闻媒体专有的平台。随着行动者主体的不断泛化和行业边界的扩张，越来越多的新闻出版商开始把注意力转移到自建专有平台上，甚至参与与技术平台的抗衡和力量博弈。从这个意义上说，解构、破坏、创新和危机的话语已然超越了新闻业的范畴，上升到人们的日常生活、政治、文化等层面。

　　此外，值得注意的一点是，解构、破坏、创新和危机的话语在西方新闻业中居主导地位，但并非放之四海而皆适用。在数字新闻学研究中，必须牢记的一点是，这种危机话语仅仅是源自特定社会及行业的话语，并非普适性的真理。我们应该避免这种误解，清醒地认识到根植于这些话语中的规范性假设，并且在具体的历史条件和社会语境中锚定数字性的内涵及其对新闻业的影响。

具体到新闻创新研究，现有的学术成果已经为其后的研究者以及新闻教育从业者提供了有价值的指导。同时，研究成果也被用于政策制定、管理决策以及公共宣传和更广泛的社会信息传播。众多学者作为专家参与了与新闻媒体以及平台公司、电信和媒体监管有关的公共调查。

当前数字新闻学研究的理论深度、抽象性和分析水平方面仍较为薄弱，在跨学科方法方面也存在改进的空间。笔者认为，数字新闻学研究首先应该是聚焦于新闻业的研究，同时要对新闻业以外的整个社会以及行业与社会的关系保持天然的学术敏感。

三、未来研究方向

无论是过去还是当下，数字新闻学研究都是在危机话语或技术乐观主义话语的规范框架下进行的。这种规范性常常被隐藏起来或被认为是理所当然的，如"新闻业正处于危机之中"或"技术可以为新闻业提供机遇或使新闻业面临挑战"，诸如此类的说法是对新闻业的外部影响或机会的假设，往往没有认识到新闻业自身及其从业者的能动性。笔者认为，应该避免这种假设，作为学者应该对本学科领域的规范性有更高的敏感性。

此外，在数字新闻领域和学术界如此突出的变革和创新话语的推动下，支持创新的偏见在该领域中占主导地位。这种偏见会使研究对没有变化的事物视而不见，同时，高估了新奇的行业现象的研究价值。从这个意义上说，数字新闻学研究领域亟须摆脱技术乌托邦主义的束缚，尝试探索新的规范理论。例如，数字新闻如何有助于打击虚假信息、政治两极化和其他非民主化进程，以及数字新闻如何有助于解决气候变化和全球流行病等问题，这些都凸显出数字新闻业的公共性价值。

在研究对象和核心议题方面，笔者认为，数字新闻学研究者应该考虑到新闻学多变的边界，打破以往研究以新闻文本和生产者为中心的研究范式，关注新闻场域的外围行动者和替代性新闻媒体，以及西方传统新闻机构之外的其他行动者主体，将概念、行动者和价值观的互动作为系统理解和阐释全球数字新闻业发展的主要依据。尽管数字新闻学领域研究成果丰硕，但重复研究的情况依然存在，大量的探索性观点仅仅停留在对经验材料的总结。不仅如此，现有的研究或多或少都存在支持创新的主观偏见，研究议题和关注点多为记者和新闻出版商如何将社交媒体平台的实践法则运用到新闻生产环节并使之建制化和常态化。少有学者以批判的视角评估媒体高度依赖平台公司运作的多重弊端和深层次影响。此外，数据安全是新闻业的基本组成部分，当前针对新闻业和数字安全的交叉研究相对较少。

对此，笔者认同我国知名学者常江教授研究团队的观点，认为应该从本体论、认识论和方法论三个维度深入阐释数字时代新闻的本质、认识新闻的路径以及研究新闻的基本方法[1]。数字新闻学的研究应该以描述、解释和反思新闻生态为目标，研究观念上应该破除对传统新闻学体系中一些不言自明的二元结构的执迷，以整体的生态观重构新闻研究的本体论和认识论，同时重视加强国内外理论观点的关联和对话。

---

① 常江，田浩. 论数字时代新闻学体系的"三大转向" [J]. 山西大学学报（哲学社会科学版），2021（4）：44-50.

目前来看，西方视角在数字新闻理论、规范性假设、方法和研究的地理区域中仍占主导地位，学术论文发表中尤其以美国和欧洲的学者声量最高。对此，笔者认为，学界亟须摆脱对以美国为代表的功能主义信息论研究传统的依赖。全球新闻学者需要相互交流，将他们最优秀的学术成果带到前台，在新的技术条件下反思并重构经典新闻理论。同时，要发挥新闻学的技术哲学想象力，基于中西比较的视角，提炼和发展具有普遍解释意义的核心概念和理论体系，探寻中西方数字新闻理论深层逻辑的同构性，确立数字新闻学研究作为一种新的理论范式的价值意义。

后　记

　　文稿落笔之际，思绪万千，百感交集。在2023年多雨的夏季，我带着对未知旅途的忐忑和利用假期梳理前期成果的执念，和十岁的儿子拖着笨重的行李箱，踏上了前往英国的旅途。此后的每一个清晨或上午，把孩子送到暑校之后，我会坐在客厅的桌旁，用指尖敲下一段段文字，思路由混沌到清晰，直至落笔成文。累了，就到后院的摇椅小憩一番，抬头仰望湛蓝的天空飘动的白云，或者静静聆听庭院淅沥的雨声。心力专注，终有所成。

　　回首过往的学术之路，庆幸自己确定了数字新闻学研究的方向，出于对新闻事业的热爱，带着还算敏锐的问题意识，不断躬身积累，终归略有心得。还记得2015年的寒假，我在春节的热闹喧嚣中闭门冥思，申报教育部人文社科青年课题，所有的艰辛和努力没有白费，项目的获批从此开启了我与数据新闻的不解之缘。八年光阴如炬，其间我经历了访学美国、受邀参加学术会议，报名参与各类数据新闻工作坊，深度访谈业内一线的数据新闻记者编辑，正式迈出了国际发表的第一步。也有缘结识了数据新闻领域的不少良师和挚友，包括美国亚利桑那州立大学（ASU）的Steve Doig教授、Andrew Leckey教授，南京大学新闻传播学院的郑欣老师，中国人民大学新闻学院的方洁老师，武汉大学新闻与传播学院的王琼老师、关天如老师等，还有很多业内同行乃至我教过的学生，包括在牛津大学深造的陈一祥博士等，都是我在数据新闻领域的领路人和同行者。从他们严谨的科研态度和累累的学术成果中，我实在受益良多，感激至深。遇到他们，是我的幸运。

匆匆流年，流年匆匆。今天我的小有所得，同样离不开家人们始终如一的支持和关爱。父母殷殷的嘱托和关爱，爱人的陪伴和打气，儿子伸出的细嫩小手和一声声的呼唤，妹妹妹夫的支持问候，李靓、陈功、刘丽等亲爱的同事们无私的分享和鼓舞，总能给我无尽的勇气和力量，鼓舞我一步步前行。虽然自觉天资愚钝，但幸而后天有这么强大的后援军团，让我得以用坚实的脚步走过不同的人生阶段，体验世间的爱与值得，在学术的路上走得虽慢但稳。拥有你们，是我的底气。

时间在走，岁月不停。我将始终怀有一颗不改的初心，芽嫩已过，花期已过，如今打算来做一枚果，待瓜熟蒂落，愿上天复容我是一粒核，纵深大化，在心着土处，期待另一度的芽叶。

张淑玲

2023 年 8 月 18 日写于英国剑桥